U0723345

我的梦想,
我买单

"她时代"的女性创业必修课

王 楠 ◎著

中国华侨出版社

图书在版编目（CIP）数据

我的梦想，我买单："她时代"的女性创业必修课/王楠著.
—北京：中国华侨出版社，2017.5
ISBN 978-7-5113-6823-2

Ⅰ.①我… Ⅱ.①王… Ⅲ.①女性—创业—中国
Ⅳ.① F249.2

中国版本图书馆 CIP 数据核字（2017）第 113122 号

我的梦想，我买单："她时代"的女性创业必修课

著　　者 / 王　楠
责任编辑 / 千　寻
责任校对 / 高晓华
经　　销 / 新华书店
开　　本 / 670 毫米 × 960 毫米　1/16　印张 /17　字数 /184 千字
印　　刷 / 北京金秋豪印刷有限公司
版　　次 / 2017 年 8 月第 1 版　2017 年 8 月第 1 次印刷
书　　号 / ISBN 978-7-5113-6823-2
定　　价 / 35.00 元

中国华侨出版社　北京市朝阳区静安里 26 号通成达大厦 3 层　邮编：100028
法律顾问：陈鹰律师事务所
编辑部：（010）64443056　　64443979
发行部：（010）64443051　　传真：（010）64439708
网　址：www.oveaschin.com
E-mail：oveaschin@sina.com

序言

创业，质上不存在性别区分。

但是纵观中国几千年商界历史，女性创业者却凤毛麟角。经过了封建社会的禁锢，改革开放初期的过渡，女性的商业意识已经萌芽，在这个巨大变迁的时代裂缝里，它疯狂生长着。

在不经意间，创业早已不是男性独有的标志，商海战船上，出现了越来越多的女性掌舵者，她们在各自的领域前行，正在融入未来的经济格局。

她们之中，有董明珠、陶华碧这样几十年如一日深深耕耘在传统行业里的前辈，也有杨澜、李静这样抓住了媒体转型机遇的追风者，有杨惠妍、柳青这样靠实力说话的"创二代"，也有徐新、刘楠这批在移动互联网时代及时占领高地的弄潮儿。

有人说，女性天生是安于现状的，女性也能创业？这些人坚守着性别的偏见，却暴露了观念的落后。大批经济学家喊出，女性创业的时代到来了。

几十年风雨，女性创业者正在崛起，她们毋庸置疑地成为未来不容小觑的经济参与者。她们肩扛着更多的重负，因为她们天生的社会角色就是复杂的，多种职责使得她们更加需要事业与家庭的平衡，因此经历了更多不能对别人说的艰辛。

回望这段短暂但是依旧动人心弦的女性创业历程，可以得到很多感触。很多人误以为，商场几千年来就是男人的战场，所以当女人进入这个圈子，就要变得跟男人一样。其实，大可不必，有时懂得运用女性优势可以起到事半功倍的效果。

不论对于男性还是女性，创业都不是一件容易的事情。但由于社会传统观念、生理及心理的因素，女性的创业特点仍然具备独特之处，值得从一个新的视角加以探讨与玩味。

但创业又是充满魅力和诱惑的，受其"侵害"、腐蚀"梦想"的女性创业者，必须以饱满的热情投入创业，她们必须拥有海纳百川、卓越凛然、睿智聪颖、大气谦和的气质，用与众不同的优雅和知性，做到努力自尊、自强。

本书描述了当代典型的女性创业者、企业家的奋斗故事，展现出了一个新时代女性创业群体的特征。与男人共"武"的时代，市场经济的浪潮一浪高过一浪，即使今天小有成就，也不要骄傲自满，要始终以自己的坚持与睿智努力拼搏，让自己变得更强大。

　　我们看到了，新时代的知识女性创业者所独有的智慧和过人的勇气。她们总能在创业之前就做好充足细致的调研、论证；敢于突破世俗的观念，勇于创新、进取；遇到困难从不退缩，也不轻言放弃；她们，让我们领略了积跬步以至千里的勤奋和卓越。

C目录
ontents

Chapter 9 ｜大势所趋｜
柔软的人改变世界

后记

Chapter 1

时代风向——
创业，早已不是男人的"专利"

社会上有一种"眩晕"现象，讲的就是时代的风向已经发生了转换，但人们的观念却还保留着很多不合时宜的成分。这是一个必须重新诠释经济的时代，当越来越多的女性成为经济的造势者时，就已注定创业不再是男人的"专利"。

— No.1 —
互联网本身就是女性的

时间倒退三十年，在中国寻找女性创业者的影子，可以说很难。有限的那些名字，孤单单地夹杂在男性的商界逻辑里。为了生存下去，她们常常要披上男性的外衣，像花木兰一样在战场上厮杀，所以从本质上来说，她们是成功将自己男性化的女性玩家，而不是真正的女性创业者。

然而到了今天，我们环顾周围，会发现成功的女企业家越来越多，好像一夜之间，女性创业不再是一件新奇的事情，甚至已经司空见惯。媒体版面上，随处可以见到女性企业家们的创业历程，女性赢得尊重和财富的方式，再也不是"生得好"或者"嫁得好"了，她们告别了以往对男人的依附，她们开始为梦想付出努力，靠一点一滴的打拼证明自己。

这是一个谈创业，就不能不谈互联网的时代。

作为 20 世纪最伟大的技术革新，互联网早已深入到我们生活的方方面面，成为思考任何问题都不可忽略的重要背景和元素。

互联网本身就是女性的。这里的"女性"，不是生理上的女性，亦不是心理上的女性，而是思维意义上的女性。如果将人的思维"一刀切"，你会发现一个神奇的奥妙——左脑思维理性化，右脑思维感性化。依据人类对男女属性的界定，左脑理性思维就被视为男性思维，而右脑感性思维被视为女性思维。两种思维多数情况下是"独立"工作的：当人们处于一种低安全感时，思维和意识就"条件反射"般定格在男性思维上；反之，女性思维的"工作时间"是在高安全感的自然状态下的意识所向。

这些论断可不是耸人听闻的夸大其词，而是真实的社会发展趋势。所以很多人开始渐渐意识到，创业思维当中，女性思维已是不容忽视的一环。如同左脑与右脑的道理，其实在每个人的意识结构中，都有"男"与"女"两个部分。在经历了漫长的男性主导历史之后，互联网的发生与发展，成为一种颠覆性的现象，从而改变了整个世界。

借助互联网，这个时代所有人的思维特质都在发生更改，而女性创业者，在这样的发展趋势中，无疑占有先天性的优势。

伴随着互联网时代的快速发展，体验经济正在兴起。在这样的趋势下，未来的生产者，无论哪个领域，都应该是制造体验的人。而体验作为一种感性的服务，一种看不见摸不着也无法言说的东西，显然更适合女性思维。

通常而言，男人更擅长理性思维，而女人更擅长感性思维。当全人类都被卷入这种经济大潮中，所有的消费者开始更愿意为体验付费时，不得不说，所有人的思想特质，就这样"随波逐流"地增值了感性化的成分。

如你所感受到的那样，比如一个巨大的 IP（网络之间互连的协议）可以形成产业链条，除了对产品本身的消费外，还会产生一连串的商业效应，《盗墓笔记》《鬼吹灯》《诛仙》等著作都在纷纷衍生出不同的产品。比如现在已经进入读图时代，大家没有耐心读完长篇文字，而是更愿意接受图像。

互联网时代注重情感连接，而情感化也是女性的特征。微博、微信等连接熟人或者陌生人的各种社交平台都获得了大量用户，成为中国这个人口大国深深依赖的新一代交流工具。

去中心化，是互联网时代的重要特征。事实上，男性思维一直是盘踞在中心化思维中的劫数，凡事讲究围着某一个中心点，没有"点"就没有目标、没有方向，甚至没有自我，而女性思维则有所不同，它所呈现出的状态呈分散式，神奇的是，女性的这种分散式思维模式恰恰与互联网思维不谋而合。

读懂这些变化，我们就可以理解，为什么女性在这个时代开始越来越多地踏上创业的征程。因为从本质上来说，女性善于运用直觉创造体验感的产品，她们也更能抓住互联网经济的新价值导向。

时代更替可以带来更多商业机会，竞争洗牌胜出的往往都是黑马，大浪淘沙过后才是珠宝得以重见天日之时。近几年来，无数互联网创业纷纷涌起，传统行业也开始运用新思路，与新形势接轨。在这期间，诞生了大量创业者，甚至是大量年轻创业者，有限的网络用户开始被瓜分，快速抓取用户，成为了所有人关注的重点。

女性创业的黄金时代已然来临，阿里巴巴 2015 年的数据显示，淘宝上 50% 以上的卖家为女性，平均年龄只有 32.6 岁。那些认为女性特质与企业家特质相违背的人开始沉默了。他们从前曾一直坚定地认为，女性因为教育、视野、情感、家庭等原因，不适合走入这个领域，但是在新的背景下，女性天生细心、情感丰富、善于沟通，这一点在"互联网＋"时代的用户沟通上是非常关键的。

"小时候，我一心要成为一个三毛一样的人。写东西，到处走，有个爱情，拿金钱不当回事，塞在枕头套里，散落在撒哈拉的荒漠的风中。去总督府偷玫瑰，和部落人在一起，给他们吃小药片。多神论者，苏菲主义，相信不可预知的神秘力量，然后在还年轻的时候，早早地死掉。"

这是裂帛的创始人汤大风的一段感性描述。这个曾经的摇滚青年，也梦想过自己可以成为作家。"裂帛"的名字取自女作家简媜的一篇文章《四月裂帛》。

学服装设计的她一直对民族风味的服装偏爱有加，在这一点上，她与妹妹汤小风不谋而合。她们曾经拿着自己的设计图稿，跑到云南去走访各种工厂，可是因为订单数量少，设计太烦琐，没有人愿意与她们合作。后来，走投无路之下，她们回到北京，找了几个裁缝，在自己家里开始了小作坊式的尝试，没想到，这样的作品，竟然得到了很多客户的疯狂和喜爱。这种"小而美"的坚持与传达，正是契合了互联网时代的需求。

　　裂帛每一次的数据统计，都像是定海神针一样，坚定了所有为裂帛而生的人的信念——裂帛不仅仅是做服饰，更是传递一种文化、一种精神、一种态度、一种信念、一种勇气。这是很多店铺所不能理解的，但裂帛一直坚持在做。就是这样一个勇往直前的店，在电商界中国社交行的选手中却还是"宅"的那一类，给外界的一种明显的感觉就是，裂帛的当家花旦那种满满的浪漫情怀，特别是对于理想的那份狂热的追求和静谧的安逸。汤大风也曾自称为"商业宅女"，在属于大风的时间里，工作的时间全部都是裂帛的，工作以外的休息日就是电影、爆米花、男友及宠物的。大风不像其他的行家那样，有事没事就盯着对手不放，一种不掘地三尺挖出对方命根誓不罢休的态势，相比之下，她显得十分内敛，既不去同行家做客，也从来不议论行业中的是是非非。直到天猫的负责人拿着竞争对手上一整年的广告合同找她洽谈的时候，汤大风才猛然醒悟，原来还可以打广告。

　　裂帛的这种不争，是女性思维的天性。"女性不是那么喜欢打仗的，人类在母系社会里从未有过那么多战争。我不要求自己非得在哪个领域做到最大，在不低于市场平均值的前提下尽可能靠前就可以了，百花齐放的局面挺好的。我也不太去想10年后会怎样，只是着眼于当下如何让公司更健康、团队更强悍。这些基础夯实了，事情自然会往前走，接下来要做什么我们一起坐下来商量，由团队做决定。"汤大风认真地说。

　　蜜芽的首席执行官刘楠，也曾经是淘宝的店主，以卖纸尿裤起家。在垂直母婴电商和跨境电商的双重风口下，刘楠"走上了不归路"。

2014年3月6日，蜜芽的官方网站即将上线。忙碌了那么久，刘楠有一些激动。她在心里做了预估，并对投资人陈科屹说，她预计第一个月500万应该没有问题。当时，陈科屹显然不大相信。此前，刘楠获得的A轮融资是800万。

令人没想到的是，蜜芽第一个月卖出了1200万元。两个月后，她将B轮融资的PPT（演示文稿）发给了一些投资人。邮件发出的当晚，她收到了十几家投资基金的回复"约见"。

2014年7月，蜜芽宝贝完成了由红杉资本领投，真格基金和险峰华兴跟投的2000万美元的融资；2014年12月15日，蜜芽宝贝又拿到由Hcapital领投，红杉资本、真格基金跟投的6000万美元的融资。对于蜜芽宝贝的未来，刘楠说自己只关注用户需求，"用户需要的是什么？物美、价廉、服务好。跨境免税也好、限时特卖也好，我们所做的所有努力都是在为了实现这个目的。"

麦芽到底如何与众不同，可以如此频繁地受到资本青睐？

对此，刘楠曾表示，自己与其他的创业者显著的区别就是，她是拿到融资再去创业和继续创业的。据悉，刘楠的第一笔"赞助"来自于真格基金创始人、中国著名天使投资人徐小平。"他的大力支持让我有了创业的动力。不过，一旦决定要拿投资人的钱，我就得向股东负责。所以，我用4个月的时间想好了未来创业的方向——做进口母婴用品限时特卖。"在谈及得到徐小平老师对自己的青睐时，刘楠谦虚地表示。这是一位坚强又崇尚独立的姑娘，是那种别人给予了她绝对力道的支点，她就可以全力以赴去撬动地球的人。

刘楠的创业，看上去仿佛奔跑在捷径上的一匹幸运黑马。这就是一个真实的互联网时代，不需要创业者有多么宏伟的扩张版图，也不需要驰骋疆场的战士多么奋勇杀敌。商场本就是没有硝烟的战场，女性的"嫁到"反而徒增了一抹感怀，让这张庞大的网就此不再疏离掉任何的情投意合。

如裂帛和蜜芽一样的例子不胜枚举，毫不客气地说，如今要说女性创业支撑了电商的半边天，似乎一点也不为过。

曾经有一句话流传很广，叫作"所有的企业最终都会变成互联网企业"，也有人玩笑说，"所有的互联网企业最终都会变成女性思维企业"。女性思维企业并不一定都由女性创业者来打造，但毋庸置疑的是，她们会在这方面具有相当的天然优势。

— No.2 —

女性消费红利时代

　　这个世界上，似乎所有美好的事物都是属于女性的专利，比如美貌、智慧、花钱时的迷人魅力。女人让自己美丽是一种高质量的人生体验，是人生中最本质的追求，是对他人实实在在的尊重。女人的智慧体现出忍别人所不能忍的痛，吃别人所不能吃的苦，是为了收获得不到的收获而付出的隐忍，因为机会稍纵即逝，如果你错过了就会由别人来接住。于是，抓住了女人的消费就能获得成就。

　　中国，亦被女性的消费带进了一个前所未有的红利时代。这与中国女性在生活和财务上的独立自主有很大关系，于是，大势所趋，女性消费市场迎来了属于它的繁荣。当这种如泰山之势倾泻而来的消费红利遇见了"互联网＋"，经济时代的消费市场便越来越有了美的味道。

表 1-1 2016 年女性经济 APP 排行榜 TOP 30

排名	APP	创始人	创立时间	定位
1	淘宝网	马云	2003 年	个性化定制、云导购、C2B2M
2	唯品会	沈亚	2008 年	互联网在线销售品牌折扣商品
3	美图秀秀	吴欣鸿	2008 年	免费图片处理
4	美颜相机	吴欣鸿	2008 年	把手机变自拍神器，自动美肌和智能美型
5	妈妈网	刘颖	2007 年	以交流和传播婴幼儿养育知识、分享育儿心得和家庭生活体会
6	蘑菇街美丽说	陈琪	2016 年	2011 年 2 月，陈琪创办蘑菇街，定位为高科技、轻时尚的时尚女性消费；2009 年 11 月，徐易容创办美丽说，定位为白领女性时尚消费；2016 年 1 月，蘑菇街吞并美丽说，双方持股 2:1，并由陈琪担任 CEO
7	贝贝母婴特卖	张良伦	2014 年	品牌正品、独家折扣、限时抢购
8	美柚	陈方毅	2013 年	以经期管理为切入点，同时为女性提供备孕、怀孕、育儿、社区交流等功能服务
9	聚美优品	陈欧	2010 年	化妆品限时特卖
10	她社区	周杰	2015 年	女生提升自己，抒发心情
11	花椒直播	田艳	2016 年	中国最大、强明星属性、移动社交直播
12	映客	奉佑生	2015 年	视频直播的移动社交应用
13	下厨房	王旭升	2011 年	提供食材食品、厨房用品购买与菜谱查询、分享
14	孕育管家	刘颖	2014 年	2014 年上线时为"怀孕管家"，2015 年年更名为"孕育管家"。360° 全程管理，覆盖女性整个怀孕周期，从孕期每日知识、饮食指导，再到孕妈妈们的直接在线交流
15	淘粉吧	刘俊	2011 年	导购返利电商平台
16	大姨吗	柴可	2012 年	经期健康
17	小红书	毛文超瞿芳	2013 年	帮下一代消费者找到全世界的好东西

18	楚楚街	吕晋杰	2010 年	以娱乐抓流量，9 块 9 包邮、品牌限时抢购
19	In	谢旭	2014 年	注重照片美化，让照片更加有意思，用图片记录生活
20	蜜芽	刘楠	2014 年	进口母婴特卖
21	美妆相机	吴欣鸿	2015 年	效果超好的美妆神器
22	乐蜂网	李静	2008 年	专家明星进驻，以提供"女性时尚解决方案"为主要服务；2014 年 2 月唯品会战略入股乐蜂网 75% 股份，共同打造顶尖女性时尚购物平台
23	明星衣橱	林清华	2012 年	在时尚 DNA 数据库基础上建立起来的移动应用
24	闺蜜美妆	李云	2014 年	女性美妆交流、化妆品消费
25	妈妈帮	张良	2011 年	妈妈们一起分享自身经验
26	粉粉日记	李伟	2011 年	记录生活中的点点滴滴，包括日记、记账本、便签本、身高体重指数 BMI 等
27	穿衣助手	顾莹樱	2012 年	以服装搭配切入，鼓励买家以"组合搭配"的形式购买服饰；卖家不再单纯推销卖货，而是协助用户调配服装
28	美啦	张博	2013 年	专注于彩妆、护肤、美甲、美发等一站式变美的社区，为爱美的姑娘提供私人定制的从头到脚的美丽解决方案
29	美妆心得	杨雷	2013 年	纯粹的美妆消费者交流平台
30	私密搭	李逸镛	2014 年	韩国品牌的跨境购

如表 1-1 所示，随着移动互联网的飞速发展，中国电商领域朝着移动化的方向快速转型，销售额逐年递增，APP（一般指手机软件）应用也逐渐由大众化细分至专一领域，而进一步的细分让我们清晰地看见：在移动终端贡献的互联网流量中，女性用户占据了一大半。

所以，越来越多的"掌门人"将视角定格在了女性用户 APP 应用市场上，女性 APP 市场迅速崛起，成为她经济的又一大贡献力量，呈现于消费市场闭环中的竞争法则就是：得"女人"者得天下。

时至今日，女性在人类社会中的角色已不同于女权，亦不同于男权，而是比女权时代更柔韧，比男权社会更有尊严。越来越多的女性开始向往自由生活、简单做人；开始接受时光的洗礼，不虚度光阴、不重复自己。

生命本就是一个复杂的问题，随着社会的进步、时代的发展，我们赖以生存的社会环境、自然环境也都变得越来越复杂。所有的生命都需要一个维持生命存活的最基本的条件，比如空气、温度、水和养分。这个最基本的存活方式在市场经济环境中的表象就是：衣、食、住、行。由于人的生命体内还包含着一个叫作精神意识的思维存在，特别是女性与男性有着显著区别的思维模式之下，消费，逐渐演变成为一个有关于"美丽"的传说。

从不断创新与迭代的女性消费 APP 中不难看出，女性的生活消费需求从过去的盲目型逐渐向发展型、娱乐型、体验型转移，消费范畴也不再局限于单一的服装或居家用品，而是涉猎于一切时尚潮流、美妆穿搭、生活服务等全方位的卓越品质的追求与生活质量的提高。

国外的一项调查数据显示，在家庭消费品的购买行为中，女性家庭成员占购买行为完成率的55%；男性家庭成员的这个占比只有30%，而且其中很大的参考来自于女性家庭成员的"建议"；另外的15%是家庭成员的共同智慧，但依然由女性家庭成员主导。这一消费群体特征的转变，决定了 APP 们的活法也要有阶梯性的转变，产品种类的丰富、服务链的健全与完善，特别是对女性消费群体需求上的精准定位，是决定各类 APP 角逐和抢占移动互联网行业市场份额的关键。

当市场经济的环境时而暂停或放缓时，有一项指标却是不受外界影响而始终平稳呈上升趋势的，这就是女性消费市场的增长速度。中国的在线购物热情非但没有因任何因素的影响而削减，反而呈现出蒸蒸日上的趋势，特别是电商业务。

"她经济"的核心是"她"。古代君王的成功与否往往倾向于关注他们是否做到了江山与美人的兼收，如今的经济社会竞争同样将"她"视为一切消费和竞争的核心，依然是得"她"者得天下。从女性需求的特点出发，而不是被更多的商业理念所困顿，专业化地订制"她"服务也就更具备了制胜的筹码。

做产品实际上就是做服务，"她经济"时代的"产品"只有与"她"切实相关，在满足物质需求至上的同时，更关注正能量的积极输入，方能产生客观的利润输出。

娘娘节、闺密节、女王节……谁能读懂女人心，谁就能成为"她经济"的主宰者。与国外的女性家庭消费占 55% 这个比例不同的是，在中国，"每 5 元消费就有 4 元是女人花掉的"，超过 75% 的家庭消费由女性家庭成员直接"通关"。

随着消费需求快速升级，围绕女性消费群的"她经济"消费产业涉及面渐广，市场容量至少在 5 万亿元以上。女性消费需求的蓬勃发展不仅引导了一系列新消费趋势，也为众多企业家提供了无限机遇。懂女人，才能赢得经济利润的高速增长，满足女性需求的互联网产品与服务才是有待被挖掘的金矿。

综观《2016 年女性经济 APP 排行榜》的前三十位，除了"老大哥"淘宝网之外，最先涉足女性APP并且至今还未曾落伍的当属2007年刘颖创立的"妈妈网"和2008年著名主持人李静创立的"乐蜂网"了。这是两个最具代表性的女性APP，一个有关于母婴，另一个不离美丽与时尚。

要说懂女人，一定是女人最懂自己了；做母婴产业，也一定是"妈妈"最懂"妈妈"。"我们了解妈妈们的需求和期望，所以我们也注重承担社会责任，为女性用户传递正能量。"妈妈网创始人刘颖说。

刘颖在2005年荣升为妈妈，随后就在努力做一名合格的好妈妈，只要有渠道就尽可能参加有关如何做好妈妈的讨论。"最初，朋友建了一个QQ群，妈妈或准妈妈们在群里聊怀孕、生产还有养育小孩的经验，交流信息。后来人多起来了就建了网站。"刘颖并不是这个群的群主，但这个"QQ群"却一度让刘颖牵肠挂肚。于是，从2006年开始，刘颖亲力亲为，"掌管"了QQ群。令刘颖自己都难以置信的是，这一次的决定，彻底改变了她的人生轨迹。

当时刘颖一边上班，一边照顾孩子，还没有更多的精力全身心照顾"妈妈群"，于是找来一个专职的"管家"，刘颖就开始当兼职群主了。但不足一年，刘颖就发现，这个庞大的组织"妈妈群"需要她投入更多的精力，兼职是不够的。2007年，刘颖辞去了工作，一门心思地投入到"妈妈群"的管理、服务和建设中去，一年后，以"妈妈群"为基础的"妈妈网"诞生了。这是当时国内第一家专注于母婴群体的社交平台，刘颖意识到，妈妈网应该为所有的妈妈们提供服务，于是，各地的"妈妈网"开枝散叶，精准定位为"母

婴垂直 + 城市生活消费"。

2007 年，刘颖彻底投身互联网行业。在"妈妈网"正式建立后，刘颖发现，"妈妈网"需要走出去才能为更多的女性用户服务，而且不仅仅只是一线城市妈妈们需要这样的网络平台。于是，"妈妈网"开始在其他城市落地，复制广州妈妈网的模式——定位于"母婴垂直 + 城市生活消费"，给予妈妈们的需求不断提升，"妈妈网"的业务也要不断晋级。2014 年，妈妈网 APP、孕育管家 APP 两款移动端产品应运而生，逐步形成中国最大的母婴网络媒体集群，拥有资讯、社交、工具、电商四大商业板块。

业务的增加就需要有更多的人才汇入妈妈网。"我们的员工是妈妈，也就能感同身受地感知到用户的需求，想女性用户之所想，做女性用户之所需。妈妈网员工中超过 400 名为女性，一走进这里，就能感觉到温馨，相信这样一支'娘子军'所造就的妈妈网，也更加接地气。"刘颖始终坚信，只有懂妈妈的人才能更好地服务于妈妈们，而最懂妈妈的人莫过于妈妈自己了。

著名主持人李静本身也是一位时尚达人，她是女人，所以更懂女人，特别是爱时尚的女人。别看荧屏上的李静口若悬河、精彩无比，但最初创立"乐蜂网"的时候还是有些顾虑的。电商对于李静来说毕竟算是一个全新的领域。"外行"创业可不是一件容易的事，仅凭一股子热情和"胆大儿"是不够的，还必须有一颗懂消费者的心和正确的营销思想。

诚然，李静就是以"懂"和"尊重"而制胜的。她知道自己的消费者需求是什么，如何为消费者提供最佳的服务质量；她是主持人，却从来不在自己的节目中宣传"乐蜂网"和自主品牌，乐蜂网和用户的黏度是靠"情感共鸣"来培养和维系的，所以，找到并理解用户的"偏好"至关重要。

2015 年 3 月 21 日，中国发展研究基金会在一份名为《中国女性创业》的报告中指出，中国女性企业家在过去 20 多年里迅速崛起，目前占企业家总数的 1/4 左右。女性，不仅善于消费，更懂得如何营造可供消费的空间。一则来自于国外的调查显示：女性企业家是重振世界经济的一股尚未被利用的力量。经济学家们纷纷赞同地表示："如果我们希望加速全球经济的增长速度，就不能不顾及这一半的人口。"女性，是不可忽视的另一半，在几千年间超越了偏见和陈规旧习。事实表明，想要重振世界经济，无论是女性企业家还是以女性为视角的产业都不容小觑。

生命是一个时间历程，这条路上，岁月粉饰了人类的生活，愿景转化为生命的意义符号。人们在满足生活所需的基础上，开始逐渐追逐理想和未来。经济是一个亘古不变的法则，想要在此有所成就，就一定要把握住这一核心的关键——得女人心者得天下！或许时间依然能够起到决定性的作用，它可以检验真理与实践的价值，但岁月在塑造人类梦想与需求的同时，生命本身就充满各类的冒险。创业，从来都是冒险家把玩的游戏，无论企业家的性别为何，不乏"她经济"的舵者风范。令人回味无穷的是，当一切被时间洗礼过后，那些战斗到底的"她经济"们，是永恒不变的时代缩影。

— No.3 —

中产阶级消费升级

曾几何起，衣食住行不再是国人们生活所必需的唯一，消费也不再单单是获得商品的表象交易；随着物质文化的阶梯性递增，围绕在生活质量周边的消费观也发生了质的改变——从某种意义上说，购买商品的行为亦是购买服务的体验。

麦肯锡在 2016 年 6 月份曾经做出一份名为《重塑全球消费格局的中国力量》的报告，这份报告以一种公平的视角将中国的消费结构与国际发达国家的消费结构进行了对比，结果显示，中国与国际发达国家的消费结构越来越相似。未来的十五年，中国家庭在食物上的消费支出占比总支出将下降至18%，与之相对应的"可选品"与"次必需品"消费占比呈上升趋势，而中国的消费者们，在全球消费增量上的贡献有望突破1/3，届时，中国将不只是人口大国，还会是世界上的消费增量做出贡献大国！

预言并非空谈，随着国人收入的普遍增长，中国消费者的消费习惯逐渐开始与品质和感性接轨，消费者更追求一种存在感，消费过程中期待更为美好的情感满足。用商品和服务来抚慰消费者情绪的买卖越来越好做了，特别是，当处于社会阶层中坚力量的一部分中产阶级队伍越来越壮大，他们更加追求情绪的愉悦、氛围的温馨、生活的品质。于是，这一部分的消费开始逐渐优先于低层次的"生理需求、安全需求"的满足，向"感情需求和尊重需求"的满足有显著的倾向。

诚然，消费升级，特别是中产阶级的消费升级了。

为什么，一定要强调中产阶级的消费升级呢？这是因为，中产阶级才是社会稳定的基石，也就是说，中产阶级更能代表一个国家社会的整体面貌和水平。

《经济学人》杂志在 2016 年 7 月刊登的一篇文章中，对中国的中产阶级数量给出了一个最新数字——2.25 亿（这里所给出的中产阶级界定为家庭年收入 7.66 万元至 28.6 万元）。要知道，这个数字在 20 世纪 90 年代还是个"0"。

短短的二十几年间，中产阶级从"诞生"到崛起再到引领消费的升级，它在改变人们"三观"的同时，也潜移默化地对经济社会的市场竞争进行了悄无声息的洗牌——线下实体严寒凛冽，线上电商风头正劲，APP、公众号迎来前所未有的春意盎然。当然，这也是一个辞旧迎新的时代。老品牌固然深入人心，但却在春风吹拂之下与消费者的行为习惯渐行渐远；电商的新起之秀们，虽然算不上高端大气上档次，但却小、美、精湛，符合人们的消费需求。

所谓"一朝君子一朝臣",互联网信息时代的消费,即便是空中楼阁,也是消费者,特别是中产阶级消费者行为中的大势所趋。在"改朝换代"的过程中,势必要经历一番垂死挣扎和前仆后继。

每一个生命的成长,都避免不了要经历"生长痛",经济时代的消费升级亦如此,它所呈现出的现象就是"消费痛点"。什么是消费痛点?"消费痛点"指的就是消费者在使用所购买的产品或服务时所产生的抱怨、不满,这是让消费者与商家均感到痛苦的接触点。对于产品本身而言,这个痛点的核心在于"被广泛渴求和期望中,尚未得到满足的一种需求"。

如果我们的国家和社会需要通过消费来拉动经济的增长,就必须关注当下消费的主流——中产阶级,这是一个相对稳定的,具备绝对实力和潜力的新兴消费群体。翻开当下的中产阶级消费档案,赫然呈现在眼前的几大关键特征莫过于:追求品质的出国购、"虚荣消费"中的文化渴望、"国货"升级的迫切需求、"高消费"过程中的精神抚慰、文化元素与消费行为的无缝隙对接等。

近些年来,随着国人收入的增加、财富的积累和对精神层面上的感性满足的不断提升,越来越多的国人选择出国旅行,随之而来的就是无限量的消费推动。保守估算,每年到海外旅行的中国人多达1亿人次,境外人均消费数额近2000美元,出国购物,成为了中国中产阶级一种普遍的综合消费体验。

基数在上涨,人均消费额在递增,这就意味着,每年都会有数以万亿计的人民币花在了国外的消费市场上,"肥水"流入了外人田。中国人为什么喜欢海外购物？首先，中国的传统消费品来不及搭乘互联网的列车，在体验上还不能实现与人们诉求和满足上的接轨。能够出国旅行并且能海外购物的人群，多是有一定经济实力的中产阶级，他们消费的一个最显著的特点就是，在衣食无忧的基础上开始追求高品质的体验，而产品本身最基本的功能并不最主要的了。比如国产智能手机与苹果手机相比，值得肯定的是，乐视、华为等高端手机在功能和技术上一点都不输给苹果手机，但中国的消费者为什么还如此膜拜苹果手机呢？想必其中的品牌购买和体验购买是占很大的比重的。

这部分消费主力对产品的审美、品牌、服务开始倾注满腔热忱，而当国内的产品跟不上需求递增的速度时，就会造成这样的海外购物潮流。2014 年 2 月 19 日，天猫国际上线；2014 年 12 月 21 日，苏宁易购海外购上线；2015 年 4 月 15 日，京东全球购上线……随着跨境电商陆续登录互联网平台，中产阶级的这点"痛"也就坐实了。

从某种意义上分析，中产阶级的海外购物"习惯"，多少有些"虚荣"的成分在里面。有记者做过这样的"实验"，她在中国和日本两国购买同一款电饭煲，所煮出来的米饭口感并无明显差别，但中国电饭煲的价格却只有日本的 1/3。即便这样的实验是事实，但中国的中产阶级消费者依然热衷于海外购物，似乎，国内的产品尚不如海外。他们所期望获得的也是这种尊贵的综合购物体验。

营销学中，对好的产品是这样定义的：满足于有用、好用、好看、好玩、前景、收入（利润）这六个要素的产品。中国中产阶级的消费观念，已经不能仅满足于"有用"和"好用"。如果说，他们在过去的一段时期去海外购物的主要目的是购买高档的家电产品，那么近些年来，随着消费对象向指甲刀、牙膏、洗护等日化必需品的转移，明显的购物对象所经历的结构性变迁足以说明，消费需求不仅有用、好用，还要好看、好玩。然而，满足好看、好玩的商品总是国外的产品更具吸引力。中产阶级消费者并非盲目崇洋媚外，他们所购买的是性价比，而非标签，在这一点上，消费者更希望中国的产品也能够在品质上有所提升。

"十三五"的开局之年已经远去，《中国制造2025》也在人们的期许中一步一步前行，中国经济从弱小到庞大，中国消费者在世界经济中的占比从0到1/4，这个从无到有、从短缺到繁荣的过程就像食品加工业的创新与迭代，从最初的解决温饱，到现在的精细化产品升级，目的无外乎就是满足消费者越来越高的消费诉求。

一直以来，中国制造在国际市场上的标签就是"廉价"，改变和扭转这样的局面虽不是一朝一夕的事情，但"消费外流"却也令中国制造们丝毫不敢松懈，从固有的"标配"模式拓展至消费需求的更高体验上来。借助"双创"的热潮，致力于研究消费者的决心，中国制造们开始蠢蠢欲动了。

事物本身具有两面性，我们看待任何问题都要用一颗辩证的心去进行客观分析，中产阶级的"消费痛点"不也正是中国的企业迭代升级的支点吗？

与传统行业转身为互联网不同的是，在"互联网+"时代应运而生的新型企业，貌似只要不偏不倚，能够在品质保障的基础上坚持不放弃，互联网的暖风就一定会给它一抹淡然的翠绿。互联网的大佬们依旧独当一面，电商的品牌化、海淘的崛起都成为了滋养中产阶级消费升级温床的雨露。视野得到了开阔，生活变得多姿多彩，享受变得越来越生活化……越来越多的消费成为了一种享受。

2015年，中国的跨境电商用户规模超4000万，同期对比增长率近40%，交易规模保持60%的增长，超过2000亿元，这个数字在三年之后有望突破一万亿。庞大的数字背后是"80后""90后"巨大的消费支撑，他们不再注重商品的价格是否低廉，而更关注购买商品时得到的服务和商品本身的安全性、丰富性。截止到2016年9月，经国务院批准设立的综合保税区有46家，这些综合保税区为跨境电商的供应链提供了巨大的支持，从而刺激了跨境电商的崛起。

近一两年，微信公众号购物逐渐兴起，亦成为一种全新的购物方式。关注者们通过公众号提供的内容而形成了推荐式的消费习惯，即公众号订阅者们因为喜欢某个公众号的内容，所以会购买它推荐的生活方式和物品。所以，公众号推荐的文化内容是否有吸引力成为了关键，越来越多的微信公众号经营者们开始注重内容带来流量，流量带动消费升级的路径。

2016年，文化驱动消费升级，成为了中产阶级消费升级中一大典型的亮点。

2014 年，公众号"年糕妈妈"依托分享育儿知识开始正式运营。两年后的 2016 年 7 月，"年糕妈妈"实现月销售额 5000 万。这些可观的数字是基于 500 万粉丝和每篇头条 80 万阅读量所创造出的业绩，当然，"年糕妈妈"的公众号生意经最为关键。

"年糕妈妈"创始人李丹阳毕业于浙江大学医学专业，2014 年生下儿子"年糕"之后，李丹阳就开始做起了全职妈妈。当时，对于一个医学硕士而言，找一份薪酬不错的工作并不是难事，但初为人母的李丹阳，更愿意将所有的精力放在育儿上。因为自己对医学有一定的基础，李丹阳的育儿经就更具有科学性。或许是医者骨子里本就有的博与爱，李丹阳开始将自己的育儿经分享给更多的妈妈们。"年糕妈妈"的故事，就从李丹阳创建微信公众号"年糕妈妈"开始讲起。

李丹阳的儿子小名为"年糕"，所以她就成为了名副其实的"年糕妈妈"，自 2014 年 7 月创建微信公众号"年糕妈妈"起，李丹阳每周分享育儿经三篇，每篇的阅读点击量为 6000～7000，经典、畅销的文章点击量更是突破 200 万+。其实，最初的文章多为比较通俗的科学育儿资讯，涵盖睡眠引导、辅食添加、营养保健、小儿疾病、孕产哺乳、亲子教育、语言认知和辣妈心经八大板块，全部都是"年糕妈妈"自己的切身经历和每天的"功课"。

就这样，随着每个新进妈妈们都要完成的"功课"，"年糕妈妈"深入了年轻的妈妈们的心。这是一个"得心者得天下"的时代，很快，"妈妈们"对"年糕妈妈"提出的育儿问题越来越多，李丹阳除了分享自己的育儿经之外，还会积极且耐心地解答更多的"妈妈们"遇到的困惑和难题，如果自己解决不了，就上网查、泡图书馆，或者直接请教更有经验的学者和医生。她说："每天都会看育儿书记录辅食笔记，积累养育心得，一周 7 天，每天 24 小时随时待命，恨不得沾床即睡。"随着公众粉丝队伍的日渐壮大，李丹阳身上的担子也就越来越重，为了及时帮助"妈妈们"解决育儿上的难题，李丹阳把照顾"年糕"之余的全部时间和精力都投入到公众号上了。"都是当妈的，妈妈们遇到问题的焦急我能懂，看到很多粉丝在后台留言我发的文章对她们有帮助，感觉自己再累也很值"。李丹阳的微信公众号经过一年多的倾心管理和不断完善，终成为一个完善的育儿知识网络体系，李丹阳逐渐发现并抓牢了创业的机遇。

通过整理"妈妈们"遇到的和关注的主要育儿问题，李丹阳发现，"妈妈们"对母婴产品的需求和关注特别高，特别是经济条件不错的中产阶级妈妈们，她们对高品质的母婴用品的需求与靠谱的育儿资讯一样迫切。李丹阳本也是一个靠谱的文艺女青年，她和年糕用的母婴系列用品也是很有讲究的，于是，她结合使用过的感受及从一个专业医学角度对母婴用品的甄别，满满的正能量和经验自然是受到公众号里的"妈妈们"信赖的。大家开始通过李丹阳之手，间接购买靠谱的母婴用品，就像点击"年糕妈妈"上面靠谱的育儿资讯一样虔诚。

再后来，"妈妈们"就变成了直接从李丹阳的手里购买母婴用品。凭借靠谱的育儿经和靠谱的母婴产品，"年糕妈妈"开始创业了，一步一个脚印地、踏踏实实地从母婴切身利益出发，为"妈妈们"提供经过严格筛选的好产品。

"年糕妈妈"的惊人发展自然没能躲得过投资大咖的"法眼"，2015年9月，前央视主持人、现紫牛基金创始管理合伙人张泉灵抛砖引玉，领投资了"年糕妈妈"的天使轮。"我当时投资年糕妈妈的理由很简单。因为我惊讶地发现她每天的打开率超过50%。我们常年看收视率，我们理解这样微信上的打开率有多惊人。我就赶到上海找她谈了一次，很快我就决定要投了。"同样身为人母的张泉灵，以其专业投资人的眼光坚定地锁定了"年糕妈妈"这个"猎物"，正如张泉灵所言，500万+的粉丝，每天有近六成的"翻牌"，也就是说，每天至少有300万的目标客户光顾的"市场"等待被灯火闪耀，这样大的市场空间着实让人不无垂涎。

2016年新年伊始，"年糕妈妈"完成A轮融资，公众号每月的营收都在2500万以上，用张泉灵的逻辑思维分析，依照这个速度，不出两年，"年糕妈妈"就可以在创业板上市了。

事实上，现在靠一篇文章卖"火"一款产品并不稀奇，微博花店"野兽派"的时尚招牌与微信公众号"年糕妈妈"的文艺励志走的虽说是两条不同的路线，但在大的群体范畴上，却还是有一致性的。"年糕妈妈"的目标群体是中产阶级的妈妈们，"野兽派"的忠实粉丝是中产阶级的时尚达人。

因为爱着一切与美有关的事物，毕业于复旦大学新闻系的Amber，毅然放弃了文化投资公司总经理的高薪工作，开通微博卖花！这样的选择，与当初的李丹阳手拿硕士利剑当全职妈妈一样令人惊讶，但"野兽派"和"年糕妈妈"的成功却验证了一个事实——Amber 和李丹阳的选择都是对的！

2011 年 12 月底，"野兽派"在微博上线了，没有价目表，没有产品目录，没有多余的只言片语，只要顾客提出自己的需求，Amber 就能够在第一时间为顾客奉上一捧花和 140 个字的故事配图。"她们大多喜欢温柔、浪漫的，不是时髦、酷的，设计要有艺术感和手工感，或者有故事、有历史。"这是 Amber 对自己的事业和消费群最直接的理解。

当然，除了卖花，"野兽派"还销售首饰珠宝、寝具睡衣、香氛蜡烛等产品。"花的逻辑有两个，一是色彩，一是香味"。Amber 说。所以，"野兽派"的生命也离不开这两个维度的延伸。"人们逐渐认识到三个层次的需求：爱美、怕死、缺爱。女孩子的优先级是爱美；随着成熟就越来越怕死，要吃健康点；爱的需求是永远的。因为这个认知，大家就会知道把钱和时间花在哪里，所以消费才升级了。"足可见，"野兽派"不只是卖花，而是在销售一种生活品质，一朵在中产阶级消费升级的风口盛开的优雅之花。

— No.4 —

专注小而美的能力

创业的路上，女企业家的数量或许暂时没有男企业家多，但为数不算多的女性创业者却用事实诠释了一个颇有传奇色彩的自然现象——女性创业往往比男性创业更容易获得成功！

请看三个数据。

其一，全球创业观察（GEM）的一组数据显示，2001—2012年的12年，全球范围内的女性创业者的比例由4.93%上升到了10.65%；中国在2002—2011年的十年之间，女性创业者由最初的10.3%上升到22.4%。

其二，胡润富豪榜之《2015年胡润女富豪榜》上，通过创业白手起家的女富豪占总女富豪数量的60%以上；全球的女富豪排行榜的前十名中，有8人来自于中国。

其三，汇丰私人银行的调查报告显示，在中国，女性企业家平均400万美元的资产高于男性企业家的人均350万美元资产，且净值超过1000万美元的企业家中，有半数为女性，真正地实现了"半

边天 +"的效应；在西方，这一比例仅为 33%。

榜单上的数据显示，中国女性的成绩明显优于世界各国的女性，而相比于职场女王，创业女王的受关注指数更高！金字塔顶尖儿的企业家层级中，同等地位的女性丝毫不输给男企业家。当时代的轴轮向"她"倾斜时，当消费的市场开始围绕着"她"大开局面时，当经济的脉搏为"她"跳动而又鲜活时，女性创业者作为"性别红利"越来越受到经济发展的信赖与重视。

中国发展研究基金会曾撰文指出，女性创业所带来的巨大性别红利，可使经济增长更加持续和具有包容性，这决定了女性创业更应该得到国家和政策的关注与支持。

阿里巴巴曾做数据表明，作为电商的鼻祖，阿里的销售额 70% 的贡献来自于女性，随着互联网经济的腾飞，淘宝等电商的销售额所带来的经济发展与消费新模式锁定了线上这一巨大市场。无疑，女性的家庭地位、社会地位逐渐提高，其在家庭的经济决策中具有绝对的无法被任何家庭成员所超越的话语权。经济学人智库曾经做过一份亚洲女性网购的调研，结果显示：家庭日常消费的服饰化妆品、家庭用品、休闲旅游、母婴产品，女性决策者分别占比 88%、85%、84% 和 69%。

市场，是为那些有需求的消费者提供商品和服务的平台，当需求的很大比例由一类特殊的群体所掌握的时候，这一类特殊的群体或将改变时代的风云，甚至重置消费市场曾经固有的格局，令市场中人来一次大换血和大洗牌。

于是，女性市场开始成为众商家跃跃欲试的新领域，"她经济"用数以亿计的豪情"买单"行为，逐渐将消费市场变成了女性消费市场。俗话说得好，只有女人才最懂女人，巨大的女性消费市场可不是静候男性去角逐和发掘的，特别是那些目标就定位为女性客户的产品与服务，不正在为女性创业者"量身定制"的创业加分吗？

因为懂，所以会；因为会，所以对；因为对，所以更容易成功。这是女性创业最本质的优势所在。随着女性社会和家庭地位的不断提升，在创业的这个项目中，男性再也不是独揽此事业的唯一"花旦"。人类本身就是一朵两生花——男人和女人是人类生存和发展最不可或缺的分类，同样地，经济发展与经济贡献离不开男性，也不能没有女性。

做事认真、感情细腻、善良又富有同情心、想象力超级发达……心理学总结出的女性本质优点同样成为了她们创业的优势与特长。商业中，这些鲜明的女性特征表现为注重体验、注重感性、注重客户关系……不知道是不是巧合，还是冥冥中早有定数，这些特质的表现正好契合了第三产业对企业和企业家的核心要求。实际上，很多女性企业家在选择创业的时候，也会将目标集中在批发零售、餐饮、健康、教育、商业服务第三产业范畴，而她们与生俱来的特质，在工作和创业的过程中得以充分发挥。

投资过 Uber 的美国著名种子基金 First Round Foundation，曾对其投资的 300 余家种子轮创业团队进行过分析，总结中发现一个有趣的现象——创业团队中有女性成员的，比创业团队中全部为男性创始人的创业团队更优秀，如果一定要为这个"更优秀"加一个百分比的话，那就是大于 63%。

创业女王的存在，可以在团队的创业中创造出男性难以发挥出的优势作用，比如，女性创业者会稀释创业过程中的艰辛，释放创业过程中的温情与热度，她们会在烦乱的市场竞争中始终保持一颗积极向上的心态，有利于让创业在细分市场中更加精细。她们的创业动机，往往不是绝对的经济利益的获取，而是更加看重自我价值的实现和社会公众效益的深度挖掘；与男性创业者所渴望的经营长久性的企业不同，女性创业者更偏爱经营"小而美"的企业，不仅实现了自我，也满足了更多社会大众、多样化的需求。

就像战争更适合男人去拼杀一样，创业的艰辛往往也定格了男性创业者的主流地位。因为女性创业者固有的特性，决定了她们更适合在"小而美"的领域大展宏图，收获喜悦和小小的成就。

1999 年，在央视小有名气的李静离开了枯燥的主持岗位，第二年，便与妹妹李媛，北京电影学院的一名同学，加上后来的戴军，几个人准备"闯天下"了。在李静看来，创业就是氛围很快乐，有着讲不完的笑话和说不完的话题。

都是玩"电"的胚子，在选择创业的过程中，自然也要在擅长和喜爱、有热情的领域打拼。对于电视行业的"假大空"，李静等人均有一种想要颠覆的愿望，于是，这个单纯的想法让他们闯进了电视业，第一个成果就是创作了一档有趣的电视节目——《超级访问》。

"我小时候的梦想就是成为大姐大，戴着墨镜，穿着黑风衣，身后跟着一大帮小弟小妹。"李静谈及创业之初的艰辛时，所表现的依然是很乐观、很积极的一面。那个时候的李静，像所有的"就业者"一样，拼命地努力，想在北京好好地生活。李静对理财这一项工作并不擅长，甚至可以用花钱如流水来形容。那个时候，李静出门就打车，跟朋友吃饭总是抢着买单；她也如自己的"大姐大"理想一般带团队搞创业，身后跟着的都是和她一样兴致勃勃、创意源源不断的志同道合之人。

其实，从 2000 年创业开始，前三年，《超级访问》零利润。李静一门心思扑在事业上，只想着做好一个电视节目，对得起观众、对得起团队、对得起自己。所以，没有发行也没有广告，纯属砸钱。李静形容自己"智商非常低"。其实，李静的节目属于免费给电视台的，然后电视台给制作方一小段贴片广告的时间用于"卖"广告，但李静当时没有任何的客户资源，所谓的"卖"广告也就成了一张空头支票。

没有谁的创业从开始就是一帆风顺的，李静的创业不缺少激情，也不缺少激情澎湃的合作伙伴，所以，回忆当初，李静的快乐很多，也很丰富。同样"丰富"的还有欠债。据悉，李静欠债最多的一次是 200 余万元。

困境是不会相信伤心和眼泪的，实在难受的时候，李静就给自己积极的心理暗示，告诉自己"我能行"！强大的内心品质是李静的优势，也是很多女性创业者的优势。有心理学者分析说，很多女性的内心往往比男性更加强大，心理承受能力和抗压能力也更强。或许是因为女人天生就比较擅长幻想，好与不好的经历已经在她们内心深处上演无数次了。她们看似对生活和事业抱有很大的希望，但实际上，她们在面对事实的时候更加现实。

迫于生计，李静不得不亲自去拉客户、跑广告，不得不承认，所有解决困难的办法都是被逼出来的。李静决定改变销售模式，不去尝试创新，又怎能遇见奇迹呢？

李静决定将自己的节目设计出 5 分钟的广告，然后将这 5 分钟广告的 4 分 30 秒卖出去，留 30 秒给自己做品牌。这在当时的电视台来讲，是从未涉足的领域，就这样，在李静的一番游说下，电视台的领导同意尝试一下，每一期的节目再给李静 2000 元的"报酬"。就这样，李静开了一个先河，成为中国历史上第一个卖节目给电视台的人，而且，一卖就是 50 家电视台。李静一期节目卖 10 万元，去掉成本的 3 万元，每卖一期节目，李静就有 7 万元进账。

每一个创业故事的背后，都有一连串心酸的经历，真正走出故事成为现实的主角的人，都是善于思考、总结、尝新的"试水"者。创新，本身就充满了机遇和挑战，创业者作为"局中人"一定不要忘了那份创业的初心，更不能失了创业者的精神，内心的驱动力是战胜一切困难的"加速度"。

"命运告诉你这就是你要面对的责任，你的第一反应是逃。但是扭身一看四处都是悬崖，第二再想，那我就硬着头皮上。"李静相信，很多创业者也同她一样遇到过类似的境遇，或许一开始并非踌躇满志地搞创业，但命运已经将创业者推到了风口浪尖。无论是主动选择还是被动驱使，创业从开始就注定了是一条不归路，要么活得精彩，要么消散得如一缕炊烟。

以一个"过来人"的姿态，李静告诉更多正打算创业的女性朋友们："女性创业更适合小而美的事情，通过现实判断，整合自己的资源。"

女性创业者的"小而美"不仅是迎合大众消费的创业亮点，在很多成熟的平台上，也是燃烧消费热点的"利器"。马云曾经对淘宝制定了一个100万个100万，即100万个年销售额100万的小而美店铺。此处的小而美并非是"大而全"的对立面，它可以是有创新创意的经营方式，可以是承载某个群体个性需求的产物，可以是店长本人展现特长的舞台，也可以是为用户提供感动的多元化服务。

发展，并不一定要成为参天大树。很多初创的企业，如果一味地追求发展速度，就会失去产品和服务品质的保障。所谓的"美"，是有竞争力、利润高、风险低，且可控，能够在激烈的竞争中生存下来，并且生存得很有姿态的企业就是赢家。

核心技术，是企业生存最大的专利，这个"专利"还要以创业者的本质特征为出发点，比如，女性创业者更适合"小而美"的产业。

Chapter 2

商业战场
——选择与努力同等重要

做任何事情都少不了"定目标"，创业也是一样，所谓"好的项目意味着成功了一半"，说的就是创业项目选择的重要性。再努力的奋斗，如果不是自己的那盘菜，到头来恐怕还是竹篮打水一场空。很多事情，别人做成功了你未必能做成，别人没有做成功的反而因你的努力能修成正果。佛曰：前世的五百次回眸才换来今生的擦肩而过，说的不就是一个"缘"字吗？创业者与其创业项目也讲究一个"缘"字，适合自己的选择才是最正确的。

— No.1 —

众筹为更多人创造价值

随着"双创"时代的飓风袭来，你会发现，身边的新兴企业就像雨后春笋一般，源源不断地出现在你的视线里。它们或小而美，满足不同消费者的购买心理；或精而细，紧紧抓住了消费者内心深处的那份触动和柔软。然而，就当很多消费者已经喜欢甚至习惯了它们的时候，他们突如其来地消失，还是会给消费的那份惊喜突如其来一棒痛。

如果说，成功的创业凤毛麟角，那么失败的创业就算得上俯拾即是了。在中国，每分钟就诞生 8 家初创公司，但创业的失败率高达 80% 左右，企业平均寿命不足 3 年，而大学生创业失败率更高达 95% 以上！

创业，不是复制白手起家的"创一代"，也不是在起跑线上就加足马力的"富二代"，更不是有钱又有经验的"拿来主义"，很多站在创业风口的人，拥有最多的就是一腔热忱。我们都知道，不是奋斗了就一定成功，也不是希望了就可以争到验证。竞争不是温暖的臂弯，不同情弱者，也不会怜香惜玉，如果不能抗争到最后，那就只能躺下为他人铺路了。创业成功的因素有很多，但失败的诱因也不少，其中，最直接也是最致命的就是：缺钱！

对于初创的企业，我们有理由相信，若没有雄厚的财团背后支持，这个企业一定支撑不了多长时间。创业并不是理想主义者实现梦境的温床，如果想要取暖，势必要不断"烧钱"。摆在初创企业家眼前最现实的问题就是——资金匮乏。解决这一困境行之有效的办法就是获得资金支持，于是，有的创业者不惜以高回报率寻找不差钱的人进行风投，但这并不是最佳的办法。对于初创的企业，众筹无疑是最佳的选择。

众筹即为大众筹资，由发起人、跟投人、平台三部分构成。众筹的门槛很低，也很多样化，依托的是广大群众的力量，关注的是目标企业的创意特质。简单地说，众筹就是通过向群众募集资金，来支持社会上的个人或组织的行为活动，其活动之一就包括创业募资。

在这个世界上，最融洽的关系莫过于"你情我愿"，众筹与初创企业之间，就是这样的一种和谐关系。众筹看好有创意的初创企业未来的发展和利润回报，初创企业接受众筹，其发展空间更自由、展示机会更多、投资者的选择机会更丰富、资金入账更迅速。

既然众筹更适合初创企业的融资选择，众筹的本身就一定是创业盛宴中的一盘"硬菜"，有人需要投资，就有人选择为需求者提供帮助，这样的利他自然也是利己的。一旦"千里马"成为了首富，那么"伯乐"自然也是最赚的赢家。

2003年，网易创始人丁磊当选中国首富，早在1999年就以600万美元入资网易的徐新及其所在的公司霸菱投资获得了8倍投资收益；2010年和2012年，两次荣登中国首富头把交椅的娃哈哈掌门人宗庆后背后的财团是曾经香港最大的本土券商百富勤，早在1995年，全国人民还没有开启瓶装饮用水的时代，就职于百富勤的徐新就已经看好了娃哈哈；2006年至2008年，中华英才网迅速发展起来，与智联招聘和前程无忧堪称三足鼎立，1999年就以个人名义天使投资中国英才网的徐新此次投资，个人获得超过了800倍的收益回报；2014年5月22日，京东在美国的拉斯维加斯敲响了上市的钟声，当时的市值为286亿美元，作为持有京东7.8%股份的今日资本掌门人徐新，钱包里一不小心又多了100多个亿（人民币），投资回报率150倍！

"投资女王"徐新的名字开始响彻投资、创业"双界"。如果说，创业成功是价值的最高体现，那么投资创业成功的企业就是这个最高价值的翻倍。风投行业向来都是男人的天下，但徐新，却在男人的世界里闯荡出了别样的精彩。

徐新是谁?

20世纪60年代，中国刚刚经历了新中国成立不久，这个时期的人们，都谨小慎微地说话、做事，小心翼翼地生活、工作和学习。安静的世界总会被一抹不安分的躁动泛起阵阵涟漪。"我小时很调皮，喜欢跟男孩子一起玩。还经常和我的好朋友逃课，她在岸边看红楼梦，我在河里摸鱼，一混整个下午的化学课都不上的，化学课门捷列夫周期表，我都不知道是什么东西，跟不上了。"这就是徐新在回忆自己学生时代的时候，坦言自己的那份不安分，仿佛注定了她的人生与其他女子不同。

1967 年，徐新出生于重庆市大足县（2011 年经国务院批准，重庆市撤销双桥区和大足县，设立大足区，辖 6 个街道 21 个镇）。初中毕业后，一起玩到大的小伙伴们纷纷选择上技校，只有徐新继续读高中，后考入南京大学。

很多时候，人生的转折就在一个选择的不同上。我们永远无法选择我们的出身，但自出生之后的任何一个选择，都是可以有计划、有目的、有甄别的。比如选择上技校还是读高中，再读大学；比如选择进国企，还是入民企，抑或是自主创业。

1988 年，徐新大学毕业后顺利进入中国银行总行工作，凭借一腔工作热忱和持之以恒的坚定，取得了较为突出的成绩。1991 年，徐新业绩突出，得到去香港普华永道工作实习的机会。可以说，此时的徐新，一只脚已经踏进了资本圈。1995 年，徐新进入到香港本土投资机构百富勤工作，百富勤是当时香港最大的投资机构。三年后，徐新以中国区董事总经理的身份任职于霸菱投资集团。2005 年，在投资圈小有名气的徐新，再次在事业的轨迹上做出了一次关键选择——自己创业，成立今日资本。

投资圈里的人都十分崇拜徐新，并尊称她为"不老女神"，这个

"不老"不仅是说容貌和心态，还指行业的那份优势。徐新是优秀创业者的"生产者"，她所投资和参与投资的很多企业，现在都成为了世界级的大咖；徐新是互联网时代创业者的"奠基人"，仅"生产"一个刘强东，徐新就收到了150倍的投资回报。于投资圈而言，徐新是"投资女王"；于创业者而言，徐新又是最有话语权的"生产者"。所以，徐新寻找"猎物"的撒手锏和给创业者提出的建议，就都成为了企业创立、经营、管理和发展等一整条产业链上的"葵花宝典"。

如何发现创业黑马？

徐新的投资理念就是：找对人、选好"赛道"、坚持。

徐新坦言，到目前为止自己经手的所有投资项目，最成功的一个就是京东。所以说，作为投资者，选对投资对象是第一个成功要素。所以，徐新曾经花了很长的一段时间去寻找真正的"杀手级"创业者。徐新和刘强东第一次见面是在京东，当徐新看到刘强东的电脑上写着"只有第一，没有第二"的时候，她就知道，他是她的选择。

徐新要投资的创业者，是与生俱来就有创业意识和情操的人，而非名利心驱使才被动创业的人。刘强东在大学时期就开始创业，当时，他自学了编程，然后通过帮别人编程赚钱，后来在中关村开店卖刻录机，再卖光盘，无论卖哪一个，刘强东都卖到了中关村第一。

2011年，电商行业似乎还没有开始真正的角逐，至少谁是老大、谁是老二还没有分出来的时候，电商行业的投资就已经开始蠢蠢欲动了。徐新在众多电商之中选择了刘强东，而且还是京东的第一个投资人。

当时的京东只有 50 名员工，一分钱广告也不做，销售额就有 5000 万之多，而且每个月都以 10% 的增长速度持续稳定上涨。京东的用户，平均一年至少在这里消费三次，这就说明了，京东的"回头率"很高。客户的体验一直都是京东最看重的一项，刘强东甚至自己都坐在电脑前回答消费者提出的各种问题，堪称是京东的第一大客服了。

作为投资人，徐新最擅长的是做品牌，所以，入主京东后，今日资本就推动京东开始了铺天盖地的广告，包括地铁、公交、互联网关键词推广等，京东花去了 1000 多万元的广告费。在京东这株生命树里，刘强东永远都是红花，徐新永远都是绿叶。即使是京东的财团，徐新也从来不插手京东的经营。"对于公司发展的决策，如果他都不如我们，那这个人就是不能投的，既然投了就要相信他"。徐新坚定于自己的选择，就像企业家敢拿她的钱去"铺路"一样执着。既然决定要"生产"他，那就应该全心地去相信他，然后陪着企业，一直坚持到最后。

徐新投资过很多创业型的公司，京东无疑是其中最值得骄傲的一个案例。那么，对于一个初创的企业而言，作为"过来人"的老师，徐新总结出五点建议，送给初创业的企业家们。

第一，聚焦细分市场。只要有创业，就一定有比你更先一步发现行业的"试水者"，若非第一个试水，你的小公司之前会有很多个前辈或巨头已经领航。所以，作为后来者进入行业之前，要做好市场的细分。或许，巨头遗落下的零零碎碎就够初创的企业奋斗好多年的所获呢。

第二，价格战虽然不是最值得称赞的竞争手段，但对于新成立的小公司而言，却是好策略。因为价格永远都是一个硬道理，谁先讲出来，谁讲得合理，这个理就是谁的。就像唯品会及时降价，亚马逊错失良机一样。

第三，创始人团队分产品导向和消费导向。产品导向指企业经营业务的范围被限定为经营某种定型产品，在不从事或很少从事产品更新的前提下设法寻找和扩大该产品的市场。实行产品导向的企业仅仅把生产同一品种或规格产品的企业视为竞争对手；消费导向是指企业以满足顾客需求、增加顾客价值为企业经营出发点，在经营过程中，特别注意对顾客的消费能力、消费偏好及消费行为的调查分析，重视新产品开发和营销手段的创新，以动态地适应顾客需求，强调要避免脱离顾客实际需求的产品生产或对市场的主观臆断。但就投资者而言，他们更愿意选择产品导向型的企业进行注资，因为产品导向有一个很关键的核心，就是企业本身要具有极高的天赋，才能创造出别具一格的、具有竞争力的产品，才能得到更多资本圈的关注和双向互选。

第四，作为企业的创始人，一定要多花一些时间和精力在用户的感知力和产品体验上。消费者是最好的调研对象，是产品和服务提升最有话语权的群体。所谓得"心"者得天下，水载舟行就是这个道理。

第五，当下的世界是互联网的天下，现有的互联网平台、传统行业转型迭代的"互联网+"及准备投身于互联网平台创业者，形成了大局三分。但互联网平台最大的特点就是残酷，比任何行业的竞争都理性。它不同情弱者，不迁就没有成绩的企业和平台，要么做大，要么出局，绝对没有中间的喘息和等待。

"我的榜样就是巴菲特，我每天必看巴菲特的书和他写给股东的信。读他的书，就像跟老朋友聊天一样，英雄所见略同。巴菲特每天阅读5小时，跟聪明人谈话2小时，84岁的巴菲特每天都在工作，他和他投资的创业者变成终身的朋友，他很享受他的工作，每天过得很开心，这就是我想要的生活。"成功的徐新也是有榜样的，她强调：榜样的力量巨大，榜样是照亮前行路的航标灯，是令人心无旁骛、每天都努力进步的力量。

所以，无论是成功者，还是正在努力成功的人，都不能不去努力和进步。其实，正常人的智商都差不多，所谓的超人和天才，都来自于他们不懈的专注。就像某一行业的成功者，其成功的核心秘籍就是在一件事上专注多年，至少要达到一万个小时。

一万个小时有多长久？

一万个小时，就是每天坚持做一件事4小时，一个星期坚持5天，另外两天算是假期和休息，只有好的休息才能支撑更好的去奋斗，然后坚持十年，这就是做到了一万个小时。

徐新的成功因素有很多，但通过与她更多的恳谈我们可以看出，她众多的成功因素中，比较突出的就是坚持，其实，也不只是她的成功因素，更是所有成功者都必须具备的一种魅力。有了坚持，也许并不一定能够成功；但是若没有坚持，那就一定不会成功。困难面前的任何人，都有想打退堂鼓的打算，但不难发现，从困难的头顶迈过的创业者们，无一不是行业中的佼佼者。

— No.2 —

移动电商是女性创业的风口

　　越来越多的 APP "落户" 在移动电商平台上，这是时代的趋势，也是用户与消费的双重期待。还记得当初有一个人激动地表示过，不久的将来，全世界的人民都可以解放双脚，一台电脑就可以搞定所有的购物；没过多久，更多的人激动地畅想，手机将不再只是打电话、发信息、玩游戏那样的 "单机"，所有电脑可以操作的，在手机上都能够完成。今天，中青一代的中国人，手机是他们第一大 "恐惧症" ——很多人，可以一天不吃饭，但却受不了一天没带手机，或者手机一天没有信号。

　　有人说，这是被移动电商 "残害" 的一代；也有人说，这是被移动电商 "温暖" 的一代。我们必须承认，在此之前的任何一代人，都未曾有过今天这般科技化的眷顾，人类的进步就是要不断推陈出新、与时俱进。就像自媒体发达的时代，人人都是媒体一样。庞大的市场需要太多的 "新鲜" 去盘活，一群明明可以依赖颜值活得更好的 "她"，非要用才华和努力证明自己，与男人同分移动电商这碗羹。

如果说是徐新"生产"了刘强东,那么,也可以说是刘强东"发现"了顾莹樱。2016 年,《创业邦》评选出了 20 位最值得关注的女性创业者,其中之一就是穿衣助手创始人顾莹樱,她是京东唯一投资的女性电商企业家。能被京东锁定的目标,穿衣助手一定有着令人动容的创业故事。

顾莹樱是一位典型的"85 后",一边习惯了享受各种优越生活,一边又肯为了这份优越的享受而使出浑身解数,不达目的誓不罢休。

顾莹樱出生在一个生活质量较高的中产阶级家庭,所以,在幼小的心灵中,顾莹樱认为,与用功读书靠成绩说话相比,选择一个自己喜欢的生活方式更有意义。这样的思想一直在顾莹樱的生命中生根、发芽,待到多年之后,老同学力邀她加入自己的团队一起闯天下的时候,她拒绝了,因为她要选择一个自己喜欢的方式,无论是生活,还是事业。

然而,顾莹樱的"先天优越"很快就夭折了。随着父母工作的调动,小顾莹樱跟着父母辗转到另外的一个城市生活,离开了原来的学校、老师和同学,新的学习环境,顾莹樱着实费了很长的一段时间才适应过来。这个"适应",并非入乡随俗,而是改变现有的状况向自己习惯的模式来靠拢。

来到新班级之时,顾莹樱因为是插班生被安置到了教室最后一排,她极为不习惯地回家对母亲说,她在最后一排连黑板上的字都看不清,想调到第一排去。但是母亲却告诉她:很多"方便"不是靠别人施舍给你的，而是靠你自己努力争取到的。听了母亲的话，小顾莹樱的脑瓜开始拼命地旋转，在某一个拐点上，"咔嚓"一声，好像引擎中的两个齿轮已经完美地要和在一起了。从此，顾莹樱开始发奋学习，团结一切可以团结的力量，还经常充当老师的小助手，帮老师和同学解决一些她力所能及的事情。

顾莹樱向来不喜欢用发奋学习来挑战自己，但是她知道，良好的根基才是枝繁叶茂的基础，只有学习好了，才能得到老师和同学的认可；只有和同学们处好关系，才能在"选择"的面前获得更多的肯定；只有将自己做成"品牌"，才能让更多的机遇偏向自己。

一年之后，顾莹樱拥有了班级最佳的座位。

靠自己，靠努力，才有权利和机会，拥有自己想要的。

大一那年，顾莹樱凭借一口三寸不烂之舌和敏锐的反应、洞悉之力获得了浙江大学校园辩论赛金奖；大二的时候参加创业大赛，获得国赛银奖，而且是最年轻的国赛奖杯得主；到了大三，顾莹樱加入到浙江大学"创管班"并创立了泛城科技，此时，顾莹樱就算正式涉足互联网了。

泛城科技主要从事富媒体娱乐平台、Flash 虚拟现实引擎和富媒体网游及 webgame 的专业性开发和运营，致力于创业融资、网络通信技术、游戏引擎技术、3D 技术、数据库技术、市场营销和管理运营等领域。顾莹樱作为公司唯一的女性创业者，其果敢和执行力往往比男生还要胜出一筹，是一个智商与美貌并存、情商与才华合一的弄潮儿，短短几年间，泛城科技的市值就实现了 5 个亿。

2009 年，随着顾莹樱研究生的毕业，以及泛城科技几个创始人的相继离开"另立门户"，再加上当时的公司主营项目——游戏，面临着国内多家大公司的市场争夺，顾莹樱也撤出了，带着出售股份所收获的 4000 余万元人生第一桶金，来到了美国的一家金融投资服务公司。

这是一家专门为投资双方提供服务的公司，顾莹樱每天的工作就是不断浏览大量金融信息，从中挑选出有价值的，再提供给投资人，一年的时间，顾莹樱已练就了一双猎奇商机的火眼金睛。

2011 年，顾莹樱带着一腔做投资人的热忱回国了，曾经一起创业的小伙伴们再度创业，已是快的打车的首席执行官的陈伟星力邀顾莹樱加入快的打车的团队，但顾莹樱拒绝了，她只想给自己打工。

在顾莹樱尚未寻找到可投资的"猎物"时，一个新的创业商机悄然走来。2012 年春节之际，顾莹樱陪伴女同学挑选参加高端商会的服饰。她们浏览了各大高端网站，满眼的服饰、鞋包、配饰让她们应接不暇，最主要的是，好不容易挑选到了满意的上装，却找不到合适的下装进行"标配"，勉为其难地换了款式和颜色之后，又一个问题出现了，找不到适合的配饰进行搭配。这时，顾莹樱的那位女同学力倦神疲地抱怨道：要是有一款智能软件就好了，输入服饰搭配的场景，立刻就能出来一张搭配好的服饰，有了"图纸"还愁花不出去钱吗？

同学的一句抱怨，给同样因为帮忙挑选服饰和搭配心力交瘁的顾莹樱一个启发：这未尝不是一个好的创意。于是，顾莹樱不再过多地将尽力投入到寻找可投资的行业和企业，而是专心致志地做起了"穿衣助手"。

"穿衣助手"与其他类似功能的平台有所不同，并不是一点中意的搭配图片就直接显示出所有服饰和搭配的链接和报价，顾莹樱要做的是协助用户完成一件衣服多种搭配，而"穿衣助手"所呈现出的也是一衣多搭、整套采办、单品求调配。

顾莹樱的果敢和不纠结始终是她成长路上从未逝去的本色，当初转学时候为了一个满意座位的励精图治、大学时期和校友们创业过程中的精诚所至、放弃创业赴美深造的坚定信念、准备好了的"投资人"转瞬间变成了"创业者"，以及这次"穿衣助手"呱呱坠地就开始创新迭代的大变革，顾莹樱的字典里，貌似根本没有"等等""考虑一下""后悔"这一类词汇。

"创业方向上我不会执着。市场本就是千变万化，这个方向走不通，就变换一下"。顾莹樱的世界，不纠结才叫作尊重。

女人始终都是消费的主力军，互联网购物的时代也不例外。当电子商务逐渐改变了人们的生活和消费习惯的时候，这个蛋糕中的核心是没有变化的——草莓口味的还是草莓口味，不会因为从电饭煲里拿出来放进烤箱，就一下子变成了巧克力或者其他口味。只要肯坚持，原始的习惯在个性中终究可以体现出来。比如，大多数的人都开始翻开手机浏览电子书的时候，书店里依然会有一群对纸墨书香情有独钟的读者。

2015年，顾莹樱请来一位行业大咖给公司里的员工讲课。这位讲师是一位时尚杂志的老总，当时，很多时尚杂志被泡沫洗刷得透不过气，唯独这本杂志一枝独秀。那位老总如是说：杂志生存的本源就是读懂读者的心，要知道读者想要从杂志上获得什么，杂志又能为读者带来什么，这是杂志执行的最终目的。显然，很多杂志人没有意识到这个本质核心，而一味地纠结于杂志栏目的变换和如何取悦读者上面。

是啊，"穿衣助手"为什么存在？

如果与淘宝、唯品会、美丽说等这类服装电商的大咖们进行角逐，"穿衣助手"显然是要在很多方面上下功夫的，比如玩流量、开直通车、进行搜索排名……烦琐又复杂的行业规则需要花大量的时间去学习和研究，恐怕到顾莹樱学成归来时，时代的轴轮又转换路径了。

抛开外界的竞争手段，顾莹樱开始仔细研究做平台的真正价值，已经被万众忽略掉的"如何选到好产品"陈列在了"穿衣助手"的战略计划中。很快，顾莹樱几经思考、另辟蹊径，给"穿衣助手"量身打造了一个截然不同的营销准则——"商家不用费精力去运作流量，专心把产品做好即可，久而久之，就会形成良好的生态链。"在"穿衣助手"的后台，顾莹樱规定，管理人员要从商家提供的商品、定价、图片等多方面信息入手，进行甄别和比对，从而总结出较为科学的售卖比，然后结合商家的信誉指数，将后台的流量分配给商家。

当有的服装类电商平台叫号"万余家"甚至更多卖家时，"穿衣助手"的卖家只有 500 家，而且，其中较为活跃的才 200 家有余。在顾莹樱看来，与其将流量放在营销的首位，还不如将产品作为竞争的筹码。流量大未必出精品，但产品的"质"过硬，还愁流量的问题吗？在"穿衣助手"上，所有商家拼的是质量和价格，最终受益的是消费者。而消费者的反复光临，又再次刺激消费，使平台的商家"薄利多销"，品牌持续"红利"化。

投资界著名的女王徐新，曾以专业的投资人的理念表示过，作为投资人，更愿意选择那些重产品而非重消费的企业进行注资。可见，顾莹樱的这局注是押对了。

2013 年 9 月，"穿衣助手"获得千万元 A 轮融资；2015 年 2 月，再次获得千万元 B 轮融资，与之前不同的是，这一次的"千万"是千万美金，而且，参与融资的投资者包括京东和淡马锡集团全资子公司祥峰投资。

作为京东唯一投资的女性创业者的女性品牌，刘强东表示：京东投资"穿衣助手"，更看重其女性电商入口的地位。"穿衣助手"上用户 99% 是女性，京东品牌相对偏重于男性，因此，双方在女性用户方面有很大的持续合作空间。

顾莹樱精准的战略、果断的执行，使"穿衣助手"每一天的增长都是数倍递进般的疯狂。创业两年半，"穿衣助手"已被估价 8 亿元。当然，这所有的成绩并非顾莹樱一人所能实现的，"穿衣助手"里那群"90 后"主力军团队，无不将公司视为自己的家，他们不考虑个人利益，都以集体成绩为傲。这样一位头脑灵活的企业家，如果当初选择了坚持做投资人，今天展现在我们面前的顾莹樱会不会是另一番别样的成功？

其实，创业本就是一个假设，需要创业者付出超出常人的努力和奋斗，并经历实际的检验这个必不可少的过程，而后，才算得上是踏进了创业的大门。创业不是过家家，也不是一个人的心血来潮。创业者首先要知道的是，这个世界需要什么，你的创业能够带给世界什么？当世界觉得你的存在是有价值的时候，你的创业才会开始有所成绩。但这也并非意味创业者已经成功了，市场竞争是千变万化的，有时温婉有时风云不定。倘若这个"假设"是不成立的，那么创业者也不要浪费时间在懊悔和自责上，你完全有时间和精力去弥补此刻的失意，继续第二个"假设"就好。

失败并不可怕，特别是创业者的失败，简直可以用"不胜枚举"来形容了，对此，顾莹樱避免失败的行之有效的法宝就是迅速转身迭代。即使今天的"穿衣助手"已经近乎完美了，但顾莹樱依然要求版本的更新不能多于 15 天。对此，她的解释是：决策的机会越少，所要承受的压力就越大，假如两个月做一次更新，那么一年下来，只能做六次决策。寻找方向，终究是需要用成本"买单"的，如果此时不做迭代，明天洗牌被换血的就可能是自己。

及时改变无法取得成功的"假设"，终究会发现：原来选择有时候是比努力更重要的。

— No.3 —

分享与共生才是可持续的模式

　　自然界中有这样一个良性循环的生态现象——狼吃羊。狼和羊大概从诞生的那一刻起就注定是敌人，羊群见到了狼，只能拼命地奔跑才能获得一线生机，跑不一定不被抓住，但是不跑是一定羊入狼口了。

　　在无数次的奔跑之中，狼的生命力越来越旺盛，体魄也越来越矫健，就连繁衍生息都是优质的良性循环。如果没有了羊群，狼可能就会失去捕捉和奔跑的本能，即便羊儿数量有限，狼与狼之间也必然要经历胜与负的较量。然而，即便是较量输了，输者也输得豪情万丈，试想，要是没有争夺和角逐，狼性的本色恐怕也就着食材进行消化了。

　　没有狼，羊就失去了生存的本能；没有羊，狼就是去了竞争的本性。它们彼此共享同一个大自然，又彼此分享解读着各自带给对方的生存法则。有共享才能共生，这是任何"可持续"都不能违背的规律。

中国的互联网迅速崛起是在 2013 年，当时，国内的几家电商巨头都不能再继续按部就班了，他们也不能仅仅满足于在一定的市场份额中不断扩大自己的领域，而是将更多的触角延伸至还未开发的新领域。

于是，快递玩起了物流和运输，电商企图通过并购来整合上下游的产业链，2013 年，互联网行业涉及的并购金额多达 27 余亿元，这个数字在 2016 年的上半年，就已经实现了 60% 的增长（2016 年仅上半年，互联网相关行业的并购金额就突破了 43.6 亿元）。三分天下的市场主宰者，不外乎百度、阿里巴巴、腾讯三大巨头。

巨头们的并购并不是资金注入上的"小打小闹"，而是从技术、市场、资源等多角度的 100% 收购，可看出他们一边挖池塘养鱼，一边谋划着以中心点为"震中"开始进行无限之大的"震动"式扩张，野心之大无不显露。

互联网的世界，竞争并未就此结束，甚至对于很多企业而言才刚刚开始。那么，在充满机遇的大环境之下，想要涉足传统行业的创业者们，是否要搭乘这班"互联网 +"的顺风车顺势而为之呢？

巨头当前，或许优势的资源早已不复存在，但创业者也未必只剩下"啃巨头挑剩下的硬骨头"这一条出路。竞争本就是遵循优胜劣汰之法则，再凶残的鳄鱼，也需要牙签鸟来帮它清洁牙缝；再能够耐寒的地衣，也离不开真菌和苔藓的相濡以沫；再坚硬的石头，只要有风吹过，就会有草动的机会，石缝间倔强的生命是最坚韧的。

与巨头共生，何尝不是创业者们减轻压力的秘籍？夹缝中的生存，谁又能说没有避风的港湾？

选择在互联网世界"淘金"的创业者，绝不能错过与巨头共生的机会，一旦机会来到手边，请一定要紧紧握在手里，不要轻易撒手，因为你的成功或不成功，这次机遇把握得是否得当都有可能受到影响。

那么，如何与巨头在已经成熟的市场共同分羹呢？其实，与巨头同行，只要走好差异化就成功了 1/4。巨头之所以被称之为巨头，就是因为他们是第一批敢吃螃蟹的人，到后起之秀也开始进来分一杯羹的时候，巨头们的上游和下游都已经非常娴熟了。如果初创的企业一不小心与巨头的某些业务板块雷同了，那么，就请创业者们小心应对，鸡蛋一定不要轻易地去与石头相碰，飞蛾扑火的尝试往往都是以悲剧收场的。那么怎么做呢？差异化，这虽然不是遇见雷同后的万变不离其宗的生存之道，但却是一剂行之有效的规避风险、寻求生路的良药。

其实，再大的"蛋糕"，也不是一个人能吃得完的，当巨头吃累了、吃饱了，或者忘记继续吃了的时候，那些被遗落下的零星财富，可能就够初创的小企业存活一段时日了。红杉资本中国基金副总裁曹毅，在总结互联网市场格局的时候中肯地表示："未来新计划的产生一定是建立在那些巨头没有关注到的点，踩到这些点并顺势而为就有可能成功。"

传统电视领域貌似已经"夕阳化"了，仅依靠微薄的利润，却还在激烈地苟延残喘着。然而，就在这个被巨头啃了又啃还在努力啃的市场，毫无预兆地杀出了一匹黑马——一个专注做视频的网站开始涉足智能电视了。没错，这着棋就是乐视掌门人贾跃亭摆出来的。当下的传统巨头们，似乎并未把乐视这个一没有硬件背景、二没有制造经验，三无暇顾及渠道和售后的"三无产品"当盘菜。

然而他们忽略了，乐视智能电视走的是与传统电视行业截然不同的路线，贾跃亭抓住了行业巨头丝毫没有重视起来的市场机会，使得乐视的智能电视轻而易举地以互联网的模式进入市场。巨头忽略的，可能是时代还未觉醒的新意识，也可能是行业中还未出现的新趋势，这个时候，能够把握机遇的创业者，不也正是搭乘着顺风车，与巨头并驾齐驱了？

诚然，与巨头同行还是很有风险的，巨头的家底是创业者不能依托"创新"就能够比拟和短时间超越的，特别是创业者难以实现"大而全"的时候，莫不如去品尝一番"小而美"的香醇。细分行业的市场，是创业者开始涉足之前就要做好的功课。然后从一而终地坚持那份创业初心，充分做足了消费者体验的吸收和升华，解决消费痛点，深挖产品价值，形成个性化的商业模式。相信与巨头平行的创业者，定能收获别样的风采。

有人将创业比喻成95℃的热水，如果创业者站在了巨人的肩头，那么，剩下的属于高度问题的5℃也就不再是问题了。站在巨人的肩头何止"困难"两字能够形容的？但这也不是不可为的事情。创业者若能够把握好借力和融入，就一定会有机会站在巨人的肩头上。这就好像我们用杯子装满石子、砂砾和水，不同的顺序会得到不同的结果。如果先装大一点的石子，装满一杯之后，在顺着杯子的缝隙继续装细沙，细沙也装不下的时候，再往里面倒一点水，也不是不能实现。反之，如果先倒了一杯水，那么细沙和石子就都不能再进行装入了。

巨人虽然庞大，但它并非面面俱到，如果创业者选择成为巨人生态链上的一环，然后将这一环深耕细作，借助巨人的庞大资源体系，成就一个"小小的我"也并非难事。当下的互联网市场，已经逐渐从交易模式向服务型模式迭代了，游走在巨人产业链上的创业者们，抓住机遇就意味着你的体长，或能赶超巨人。

无论在哪一个领域，创业者和巨头之间都存在共生与竞争。如果我们将市场这块大蛋糕分成蛋糕层、奶油层和水果层，分别由巨头、传统行业和创业者"统领"，当水果层越来越受到消费者喜爱的时候，巨头是有可能做好了蛋糕的基础，再去抢夺水果层的，而且这个"可能"的可能性极大。

成立于 2009 年的洋码头是中国海外购物平台，平台成立之初隶属于跨境物流服务商，2011 年开始转型至跨境电商市场，是中国最早一批试水跨境电商业务的平台。2013 年之后，做跨境电商业务成为更多新起之秀的创业舞台，如蜜芽宝贝、蜜淘、小红书、笨鸟海淘、海蜜、街蜜、洋葱淘、波罗蜜等如雨后春笋般蓬勃地发展起来。他们都有各自的战略战术，互相有关联，但又互相有特质——蜜淘、蜜芽宝贝、洋葱淘等采取的是B2C跨境自采模式；洋码头、海蜜等使用的是C2C买手模式；小红书原主场地是社区，后延加电商业务；笨鸟海淘、街蜜等则是从物流直接迭代；波罗蜜是从电视直播辗转来做跨境电商的。

这些跨境电商的早期试水者，承担起了这个市场环境早期的"科普"工作，当跨境电商的"品牌知名度"一朝被打开之后，国家给予的政策红利、消费者们爆棚的市场红利逐渐给予这个市场空前耀眼的光圈。于是，电商巨头、物流大鳄、互联网大咖们也按捺不住内心的那份骚动了。

2014年2月，海淘版天猫商城"天猫国际"上线；2014年12月，海外直采自营模式的聚美优品的跨境电商频道"极速免税店"上线；2015年1月网易的"考拉海购"、顺丰的"顺丰海淘"分别从内容和物流出发，"逼宫"跨境电商；2015年4月，采用B2C方式做自营跨境电商的京东"全球购"上线……

巨头与创业者相比，无论是流量、品牌、资金还是供应链，都占据得天独厚的优势，在这样的情况之下，巨头"插手"创业者已经"搞定"的市场，对于创业者而言是绝对的冲击。那么，创业者在共生与竞争的双重背景下，寻找到一个比较合适的市场入口，再选择一个更为持续的商业模式最为关键。

从淘宝开始做起，经两年四次融资，上文提到的一家名叫"蜜芽"的小店，一年的GMV（商品交易总额）就高达25亿元。同样是在巨头泛滥的当局中缔造生命的"玩家"，为何蜜芽能够绕过巨头的绞杀，甚至可以从马云和刘强东的"刀下"杀出一条"血路"来呢？

蜜芽的创始人刘楠，有一个令所有对手都难以招架的绝招，就连巨头都叹为观止的"死磕精神"。因为够"死磕"，上学时刘楠就是学霸，读研的时候做了一段时间陶氏化学的管培生，攒了10万元在老家西安开了一个婚纱店，自己则"遥控"指挥，后将这家婚纱店转手卖给了一家影楼，最初的10万元摇身变成了30万。这30万也就成了刘楠接下来的创业基金。

2011年2月女儿出生后，刘楠就当起了全职妈妈。智慧与美貌并存的刘楠，喜欢看论坛、发微博，喜欢分享自己的育儿经和购物体验。都说女性是消费拐点的风口，但只有女性才懂得那份消费的享受和喜悦。很快，刘楠就成为了母婴社区的意见领袖，她的很多观点得到大批妈妈们的首肯与追随。

有一次，刘楠看好了一款吸奶器，中国的网站售价1800元，美国的网站售价1200元。随后，刘楠在浏览器上几十页几十页地翻找，终于找到经销这款吸奶器的小经销商。刘楠告诉对方，自己要100个吸奶器，请对方给她一个绝对靠谱的价格。最终，经销商方面给刘楠出具批发价每个800多元。跟着刘楠"随波逐流"的妈妈们积极响应，最后，经销商通过转运公司为100个中国地址挨个发货。

这一次的上下联络，刘楠一分钱都没赚，但她却乐此不疲，坐在电脑前，一边带孩子，一边联系吸奶器的发货问题，就这样，将一百多个中国妈妈的需求同一个国外的品牌有机联系在了一起。随着"80后"乃至"90后"相继晋级为父亲、母亲，他们的思想上也开始受到了西方育儿观的震荡。践行西方的育儿经，自是少不了西方育儿产品的"标配"。时代偏爱有准备有智慧的头脑，刘楠的机会来了。

刘楠从同学那里了解到，同学的一个亲戚是花王经销商，荡上这根线，刘楠准备在淘宝平台上开一家花王纸尿裤专卖店，拿着卖掉婚纱店的30万，加上丈夫给她的40万创业金，刘楠在北京五环与四环中间的位置租下了物流中心里的一家仓库，开始了"尘埃里的创业"。

"创业"对于任何人来说都是千古难遇的"难事"，不会因为创业者是女性就怜香惜玉，更会因为所创业的前景多么有价值而减少创业者所经受的磨难。刘楠的发家史就是从这个两层的钢结构中开始的。一层是仓库，二层是一个可以容纳5张桌子的一个空间。冬天没有供暖，员工打字手都冻得直哆嗦，从2011年10月创业开始，到2013年10月，刘楠整整在这个"尘埃"里火拼了两年，第一年销售额800万，第二年突破3000万。

创业者在经过最初的"尘埃期"后，是骡子是马也就显而易见了。

无疑，蜜芽是淘宝的一匹黑马，两年就能实现3000万的销售额，可不是随随便便哪个初创小店就能做到的。但刘楠是不是"千里马"，还是需要得到"伯乐"的肯定才行。世界上很多的千里马都是被伯乐"发现"的，刘楠，却是主动出击去选择"伯乐"来"发现"自己。

或许是机缘巧合，或许是机遇早有准备，刘楠在做到淘宝 3000 万的时候，忽然之间不知道下一步该怎么办了，于是，她通过北大校友录联系上了天使投资人、真格基金创始人徐小平。第一次接触之后，聪颖的刘楠仿佛收获了智囊一般，一下子解开了谜团——她想明白了，星星的火种不灭，就一定可以燃烧起来，而且，要是能够借助风力的作用，野火也就会燃烧得更加猛烈。

2013 年 11 月，真格基金与险峰华兴风险联手为蜜芽（原蜜芽宝贝）带来超过百余万美元的 A 轮融资。有了资金之后的蜜芽发展开始驶向了跨境电商的快车道。四个月之后的 2014 年 3 月，蜜芽转型升级为进口母婴品牌限时特卖商城，中国首创母婴品牌"特卖＋闪购"的营销模式。上线仅一个月就实现了 1500 余万元的交易额。2014 年 7 月，由红杉资本领投的 2000 万美元 B 轮融资走进蜜芽；2014 年 12 月，由 H Capital 领投，红杉资本、真格基金跟投的 6000 万美元 C 轮融资与蜜芽牵手；2015 年 7 月，蜜芽完成 1.5 亿美元 D 轮融资，这一次的领头者为百度，包括红杉资本、H capital 等现有股东及数家美国私募基金参与了跟投。

蜜芽的每一次融资，公司的定位都会发生变化：A 轮融资之前是单纯的母婴电商；B 轮时已经大手笔开启了母婴电商的"限时特卖"模式；在严格意义上 C 轮融资给蜜芽带来的最大变动就是定位转向了中国中产阶级的快消电商；待到 D 轮融资后，刘楠的目标是做中国最大的婴童人群服务公司，涵盖线上线下。

"我一开始目的很单纯，就是做一个妈妈能找到好东西的网站。

从我拿到红杉的钱的那一刻，就决定着我不可能是一个独善其身或者自娱自乐的网站，我已经卷入了中国电商的江湖，无论是超级强悍的老虎、野心勃勃的狼，或者温文尔雅披着羊皮的狼，我都要面对。我做不大，就是死路一条。"这是融资前与融资后一个女性创业者截然不同的两个心理。刘楠曾经评价自己"不折腾不会活"，殊不知，在激烈的市场竞争中，谁又能够安安静静地做一个不折腾的人呢。但是，要论"折腾"，可没有几个创业者能比得上刘楠的。

电商的竞争激烈得无法预估未来，马云和刘强东基本上已将这个领域牢牢把持住了，刘楠的蜜芽想要存活，就一定要突围！怎么突围？拼标品，蜜芽干不过京东；论细分，蜜芽干不过天猫，二者是行业的巨头，是大而全的"代名词"，这样的巨头都会有一定的软肋，如果找到了它们的软肋，蜜芽就能成功突围。

巨头产业的大而全，就很难再做到精而细了。于是，刘楠找到足够精准的人群开始精耕细作，做小而美的经营，针对一小部分精准的消费群进行定制化的个性服务。中国的对外贸易吸引了全世界经济的眼球，一些品牌公司的海外产品想要涉足中国的消费市场，就一定要针对细分化的消费人群继续细分品类。就像靶上的中心，相信每一支箭都希望自己能够直中中点。想要获得更为完美的"10环"，就需要用精准的商品打动精准的用户，于是，这些想要十环成绩的"箭"，自然而然地成为了蜜芽的合作伙伴。

突围的路线明确之后，要绕过巨头的绞杀，还要求初创的企业具备绝对核心的竞争力，也就是我们理解的射箭时候的力道。力道不够，即使目标和路线再精准，也会在达到目标之前"提前出局"。蜜芽不生产产品，唯一能参与竞争的就是选品，也就是入主蜜芽平台的各大品牌，俗称"买手"。

一个合格的买手，不仅可以挖掘出尚未"露面"过的产品，还可以成功地将这样的产品"包装"成消费者所需求的商品，随后再加上较为精准的消费情况预判，这就为刘楠的突围省去了不少力气。比如，美国的一款可以洗的颜料，在西方国家卖得很火爆，但这并不适合中国的母婴消费市场，因为中国的妈妈们大多不希望孩子在墙上乱涂乱画，即便可以洗，也不愿孩子身上和家里都被颜料涂得一片狼藉。但是，绘画是每一个孩子的天性，妈妈们自然不会剥夺孩子的这份纯美的兴趣。基于此，中国的妈妈们更多地会给孩子准备一块黑板，使孩子们的绘画天赋得以淋漓尽致的发挥。于是，一只可以吃的粉笔远比可以洗的颜料更得中国妈妈的欢心，蜜芽的那款可以吃的玉米淀粉粉笔就这样成为了电商平台的爆款。

虽然没有标品，但在刘楠的观念里，那些能够用来赚钱的，70%都是非标品。电商的本质可视为流量的"消费"。一个孕婴童周期并不算长，但在这短短的几年之间的消费频次却是极高的。所以，蜜芽的流量战略布局与其他电商有所不同：初期靠用户的支持树品牌、打影响；针对流量大的产品继续加大马力，不断吸引用户；做跨境电商之前，刘楠就有过做社区的经验，还做过母婴社区的"领头羊"，所以，蜜芽打出了用社区黏住流量的"活招牌"，来延长平台的利润链条。口碑是品牌的"护城河",在口碑的基础上提高利润会起到事半功倍的效果,这也是蜜芽成功"擦边球"的一个战绩——品牌溢价,流量生钱。

为什么那么多的中国妈妈热衷于进口母婴产品?主要的因素恐怕就是对品质和安全性的过多考虑。每一位妈妈都希望给自己的宝贝提供最安全的保障,当很多做跨境电商的母婴平台发觉这是一块巨大的肥肉时,一些被利益冲昏了头脑的商家不惜加大砝码,狠砸资金!比如,一款儿童不锈钢餐具,美国售价30美元,国内均价700元人民币,而蜜芽却做到了只卖180元钱。一样的商品、一样的品质,不一样的是诚信、操守和良知。

美国的30美元折合成人民币也要207.7元(2017年人民币汇率:1美元兑人民币6.9234元),刘楠卖180元,这不等于倒搭二十多元吗?刘楠自然不会做赔本的买卖,要不然,那么多的风投和天使投资人也不能同意啊!

是商品就会有成本价和售价之分,而售价又分为批发价和零售价,且,从生产商、代理商、经销商、零售商手里进货的价格也会不一样。蜜芽的商品,刘楠都是直接从国外的品牌生产商进货,其"成本"就会比其他的国内做跨境电商的平台低很多。这样,砍掉了中间代理商、经销商等环节,蜜芽的价格更靠谱,也更受消费者信赖,所以,蜜芽的复购率能达到85%。

当一切的外因都开始向创业者靠拢的时候,创始人个人的品行和素质就必须绝对靠得住才行。刘楠相信星座物语,她坚信身为摩羯座的自己，无论是在机遇面前还是在困难脚下，都会专注、坚韧地走下去，同一切危险系数"死磕到底"。这份"死磕"精神往往就是创业者成功的关键。

— No.4 —

让中国制造站起来

互联网造福了社会和经济，生产了电商，同时也弱化了很多"中国制造"。尽管中国制造正在努力"智"起来，但在中国制造还未完成"智造"进阶的时候，不可避免地遭遇了更为严重的内忧外患——内有实体经济的减速，外有德国制造、美国智造的深度围堵。

随着 2015 年，中国在"十二五"收官之年提出的，针对德国工业 4.0 和美国工业互联网的《中国制造 2025》，目标是到 2025 年，中国制造业重点领域将全面实现智能化。在这样的背景下，工业互联网被推上了当代历史的崭新舞台，于是，又有了"互联网 +"。

然而，真正的"互联网 +"绝不是老一代企业家所热衷的简单转型升级，更不是传统制造业随随便便徒增了一个互联网的销售渠道。不能毫无骨气地依附、不毫无目的地追随，中国的制造也应该坚决走出一条自主创新的道路，创造出国外制造业没有的、做不出来的东西，而不是花一个天文数字的价格去收购国外的制造业。细想想，若是那些国外企业"风华正茂"，有谁会傻到贱卖掉呢？

当中国的消费目标开始涌向进口海购、全球购的时候，很多中国的制造大鳄们开始大骂中国消费者"不支持国货"，那么，请问这些狮子大开口的传统行业的掌舵者们，你们是否给中国的人民创造出了足够撑起一片天地的"中国制造"呢？

中国的制造女王董明珠，曾经在很多次论坛和大会上中肯地表示过：看到很多中国的消费者不惜多花数千元去购买国外的家用电器时，她很生气，也很心痛。但董明珠认为，这不能怪中国的消费者，而应该责备中国制造业的企业家们，是他们没有让中国制造站起来，没有让中国更加进步。

中国是世界上第一制造大国，但目前来看还算不上是制造强国。对中国制造众多企业而言，目前最大的目标不应该放在产品的数量上，而是应该做强做大产品的质量，从而推动国家的进步和经济的发展。

推动，自然少不了"创新"。中国制造的创新话题，离不开格力，更离不开董明珠。她不断创造出中国制造业的神话——创新；她是中国女性创业史上不可逾越的里程碑；在"黑马"云集的中国创业圈，作为实业的创新女王，董明珠当之无愧。

她不是格力的创始人，但格力的今天，却是董明珠一手造就的。从一名小小的基层员工，一步一步攀登至企业的权力巅峰，带领一个中国的制造业响彻世界制造业的上空。格力荣登世界500强，成为中国制造业的创新符号，超过百度、阿里巴巴、腾讯大咖成为更具代表性的中国实业创业家，董明珠这一路走得艰辛，也走得自信！正如她所言："马云在中国不能太多，要是所有的人才都进入互联网行业，那么，中国的制造业如何在世界上展现实力？"

董明珠，一位60岁的女企业家，无论是创新，抑或是迭代都无人能匹敌。世人都说，这是年轻人玩科技、搞研发、推陈出新、集结一切新鲜事物的时代。然而花甲之年的董明珠比更多的年轻人都擅长发现新事物，用最新的理念打造中国的制造。如她的名字一般，似一颗镶嵌在古老的齿轮上的明珠，她的闪耀昭示着世界，中国制造之引擎依旧良性运转着，而且努力运转得更迅速、更贴合时代的速率。

其实，董明珠的"开始"比一般的创业者都来得要晚一些，那一年，她36岁，犹豫再三，还是艰难地做出了决定——把儿子交给母亲照料，她一个人南下打拼。她不知道，有一扇叫作理想的大门已经慢慢向她开启；她不知道，已经过了谈激情、谈梦想的年纪多年后，是否还可以带有绝对的热情继续奋斗。对于当下的年轻人来说，36岁不算老，但也绝对不小了，至少职场上打拼也走过了一轮"子鼠丑牛"的荏苒。

12年，仿若生命轮回的周期，初入职场的新人们已经成为了企业的中坚力量；掌握了企业核心技术的精英，储备好了能量准备更高一阶的跳跃；机遇垂涎的宠儿们也开启了创业的新思潮。1990年，董明珠在丈夫意外病逝的六年后，从南京的一家化工研究所的管理位置上毅然走下来，带着一腔沸腾的热血，南下珠海，成为格力的一员。当时，格力还叫海利。

张爱玲曾经意味深长地表示：出名要趁早。瞬息万变的时代，这句箴言成为时下多少文艺青年的事业瑰宝？但成名并非易事，大器晚成，也并非毫无优势。每一件与众不同的事物，都经历过无比寂寞的等待与运筹帷幄，或流血，或流汗，或大把大把地挥洒青春。流逝的是时光，留下的是缄默。小火熬煮的粥更浓稠，岁月积淀下的成功夯得更实，成长是一个自然的过程，不能快进，也没有暂停。很多事情都需要从零开始的孕育和生长，不能没有发芽就开始结果。

辉煌之前，每一个成功的背后都承载着满满的平凡和努力，36岁之前，董明珠一直很努力，也一直很平凡。1954年，董明珠出生于江苏南京的一户普通人家，她是家里的第七个孩子，和那个时代很多的女孩子一样，随和、温婉，她没什么特别之处，学习努力，但并不是最拔尖。从芜湖干部教育学院毕业后回到南京，在一家化工研究所做行政管理工作，然后结婚、生子，过着一个普通的女人再自然不过的简单、幸福的生活。

今天，我们认识的董明珠是铁腕儿，与学生时代的柔情显然没有什么交集。性情上的转变，更多来自于儿子两岁那年丈夫意外的病逝。一个30岁的丧夫女人，独自抚养两岁的儿子，悲观一点说，这大概就是人生的输家了。

艰难无助的生活吞噬着董明珠柔软的心，那段影响她后来所有时光的记忆，即便在她功成名就之时回味起来，也依然刻骨铭心。

董明珠坦言，她人生最大的转折来自于丈夫的离世。

董明珠入职格力后的第一个职务是业务员，年100万元的销售任务，如果完成得好可以拿到2万元的提成，这2万元既是提成奖金、也是工资和各种补助。也就是说，董明珠的不足2000元的月薪中，去掉走南闯北和各种花销，不仅不够，还很有可能得倒贴。董明珠作为一名销售新人，在无条件的必须努力才能完成销售任务的前提下，她付出了比很多资格老的男业务员都多得多的努力。半年之后，董明珠完成了300万元的销售业绩，这是当时的格力优秀销售员也很难拿下的成绩单，董明珠毫无悬念地拿下了，她的成功来自于对产品和市场的精细把握。

这个时候，董明珠得到一个去安徽"统领天下"的机会，合肥的市场给董明珠留的第一个作业就是：追回经销商欠下的42万元债务！

那是一个企业间三角债比较普遍的时期，也没有什么行之有效的解决办法，晓之以理，动之以情，董明珠能想到的办法都用上了。开始，经销商还能露个面儿，估计经销商也不曾想得到，董明珠要回债款的决心如此坚决，每天都会在不同的场合出现在经销商的面前。于是，经销商也玩起了失联，这让董明珠又急又恼，当她终于将经销商"围堵"在办公室的时候，放出狠话：要么还钱，要么退货，否则，对方走到哪里，她董明珠就跟到哪里，跟他死磕到底。

与经销商对抗40天之后，42万元的货款全部打到格力的财务账面上。董明珠没有"金钥匙"，也没有"创一代"的老爹，更没有显赫的背景。她人生的成功，必须由自己去书写完成，没有人给她执笔，更没有人给她勾勒。就是一股子坚韧不拔的倔强，鼓舞着董明珠一步一个脚印地一直走着、跑着。在董明珠的带领之下，格力淮南的市场被打开了，1992 年，淮南格力销售额突破 1600 万，占据格力公司所有销量的 1/8。

董明珠和格力的故事才刚刚开始，完美地打响淮南市场之后，格力的高层见识到了董明珠的"厉害"。是金子，放到哪里都一样发光，而更黑暗的市场，也就更需要董明珠这样优秀的领导者。随后，南京开始召唤董明珠，董明珠用了不到一年的时间，就实现了 3650 万元的个人销售额。1994 年年底，格力进入"严冬"，董明珠毫不犹豫地接过已没有任何胜算的"接力棒"，开始承担起格力经营层的所有责任。当这一年中，很多格力的骨干禁不住诱惑离开时，董明珠坚定地留了下来，所以，她当之无愧地担任了经营部部长这个职务。

董明珠用她的实力证明了，当初全票通过她当选格力经营部部长的这个决定是正确的。自 1994 年开始至 2005 年，格力连续 11 年蝉联中国空调产销量、销售收入、市场占有率之首位。中国制造"一哥"的地位，被董明珠牢牢地镌刻在格力的功勋章上。2012 年 5 月，董明珠接过上一任董事长的帅印，正式执掌格力。直到 2016 年 10 月 18 日，董明珠卸任珠海格力集团有限公司董事长、董事、法定代表人职务，她为格力、为中国制造贡献了 26 年的"青春"。

　　所以，当中国的消费者连一片尿不湿都要从国外跨境购买的时候，董明珠敢叫板：中国消费者可能去国外购买电饭煲和马桶盖，但有一样商品，中国人甚至是很多外国人都必须到中国来购买，那就是格力空调。

　　这是实话。因为，当很多的企业都在想方设法研究如何赚钱，如何与同行瓜分市场份额的时候，格力却想着如何能服务好市场，满足消费者的本质需求，所以，格力的存在会让消费者感到幸福和快乐，会让同行（亦是对手）感受到尊重。这是中国企业家的价值，是作为中国制造业的价值，是中国制造"站"得起来的关键。

Chapter 3

女王风范——
能掌控自己命运的少数人

创业的乐趣本身正是一种基于理性的博弈。觉得项目好就一头扎进去努力往好了做。所有的努力过后你会发现，你所得到的远远超过你的想象。那些真正愿意创业的人，都耐得住寂寞，扛得住辛苦，顶得住压力，经得起风险。不是不喜欢钱，而是把创业本身当作一种乐趣、一种学习、一种磨砺、一种人生资本。这种人，从思维方式到人生格局，都跟一般人不一样，是小众中的小众。

— No.1 —

人生需要规划

　　世界上有一种"任性"叫作越优秀越努力，越努力越幸运。没有谁是随随便便就可以收获成功的，就像彩虹总要经过风雨的洗礼，才能在艳阳之下美妙无穷；就像掌声总会在最后精彩的一刻，响彻台前幕后。越是优秀的人越努力，越是富有的人越勤奋，越是有智慧的人越谦卑！这是因为，优秀的人总能看见比自己更好的，而平庸的人总能看到比自己更差的。但努力后你一定会发现，自己远比想象中的更优秀！幸福本身就是虚妄的，因为它只存在于追求幸福的过程中。

　　才华，莫让自己错失了知性的瑰丽，努力的方向对了，才能优秀，也才能遇见幸运，因为每一个人生，都需要有所规划。

　　职场中人要提早做好职业生涯的规划，找到正确的适合自己的位置，不断探索和开发自身潜能。准确把握人生方向，方能塑造更为成功的自己。立志创业的人也要做好自己的创业规划，初期可以不必事无巨细，过于烦琐和细致很可能会使创业者前进的脚步变得拘谨，反倒是左右了创业者的思想，局限了其眼界和高度。

原则上讲，一项创业规划中至少要包含三个主旨：能做什么、有什么资源、社会需要什么。

创业不是单纯的创意，不是有好的点子就能够驰骋一方疆土。想干什么和能够做什么就是理想与现实的写照，这其中包含一个重要的努力过程。初创的企业在时代的风向标之下更容易做出成绩，所以，社会需要什么，对创业者来说至关重要。"取之于民而用之于民"，你的产品或服务是通过消费者的需求而获利的，故而，消费者和市场的需求是你的产品和服务存在的价值。倘若你选择的创业领域满足自己的兴趣，是自己所擅长的，与此同时还付诸努力了，但却不符合市场的需求，这样的创业前景就不容乐观。

创业的过程之难是语言无法形容的，也是一个人凭借创意和努力难以实现的。当一个人想要做出点事业的时候，他所做的就不再只是自己一个人的事情，而是要放在市场竞争环境中"晾晒"的。这就决定了创业者手里有多少可以助自己一臂之力的资源是多么得重要，这些有效的资源包括资金、社会关系和人际关系等一些强有力的支持。

说到做计划，女性创业者们似乎更胜一筹。她们天生就是感性的，喜欢思考和想象，很多未来的事情她们可能都在过去的某个时间进行过"预演"，所以，当实际操作的时候，就显得比男性企业家更得心应手。

在男企业家的眼里，有时候会认为女企业家的很多"顺理成章"是幸运，比如我们所熟识的荧屏内外都很精彩的杨澜。从主持人到制片人，从传媒界到商界，杨澜多次华丽地转身，可不仅仅是她足够幸运，而是她懂得自己想得到什么、能做到什么、可以奉献出什么。杨澜对这份"幸运"的驾驭能力很少碰得上对手，她那睿智的眼光、别具一格的操控能力，是多年职场生涯锤炼的结果，是无数次努力之后所收获的积累，是厚积薄发才绽放的精华。就像杨澜自己说的那样："一次幸运并不可能带给一个人一辈子好运，人生还需要你自己来规划。"

杨澜的人生，如此规划。

在北京外国语学院就读的最初时候，杨澜连听力课都无法正常上，原因十分简单，她根本就听不懂。"我经常觉得自己不是一个有才华和极端聪明的人。"杨澜在后来成名之后依然谦虚地这样认为，但即便听不懂听力课是件令人沮丧的事，但也丝毫未影响杨澜的继续努力和进取，很快，她的听力水平迅速提高，她也逐渐恢复了自信。杨澜勤勉努力、大胆、坦率，作为一个个性独立的女性，在很多事情上她从不依附于社会的视角和他人的思想，且有着自己独特的思考。这样的独特使得杨澜能够敏锐地洞悉到，自己人生的不同阶段，什么时候是突破切口进入下一个计划的开始，什么时候又是停下来总结当下、思考未来的对的时间。所以，她的每一次转型都显得那么顺理成章，像是被上苍设定好的程序，时间到了，她就自动转身。

第一次转型是在 1990 年，即将大学毕业的杨澜遇见了她第一次转型的"幸运"。当时，央视节目《正大综艺》在全国范围内选拔主持人，杨澜以清新、镇定、大方、果敢的台风，加上出众的才智和人气脱颖而出。但杨澜在候选人的列队中实在算不上太漂亮，所以，直到第六次试镜，她在导演的眼里还只是一个"被考虑的对象"。杨澜不明白，为什么女主持人一定要靠脸蛋赢得观众呢？她反问节目组导演："为什么非得只找一个女主持人，是不是一出场就是给男主持人做陪衬的？其实女性也可以很有头脑，所以如果能够有这个机会的话，我自己就希望做一个聪明的主持人。"

杨澜很美，她的美不是指脸蛋有多么漂亮，而是由内而外散发出的优雅和知性的气质。"我不是很漂亮，但我很有气质"，杨澜的自信和坦率彻底颠覆了导演在选聘主持人、特别是女主持人时的所有想法。毕业之后，杨澜顺利成为《正大综艺》的节目主持人。"主持人不一定非得漂亮""女人的头脑要比脸蛋更重要"，直到现在，杨澜依然如此地坚定相信自己的想法。

四年的主持人生涯，开阔了杨澜的眼界，也毫无悬念地确定了她未来的方向。是的，就像大学四年的学习之后，她选择做一名主持人一样；又一个四年过去了，杨澜想做一名真正的传媒人。

1994 年，杨澜做出一个令所有人瞠目结舌的决定——她在自己的职业生涯中，正式离开了《正大综艺》，"净身出户"赴美留学。20 世纪 90 年代初期，在中国的电视综艺节目中，《正大综艺》绝对是"大哥"级别的，而杨澜一直以来的精湛表现，也是深入人心。没有人会质疑她是《正大综艺》的"当家花旦"，也没有人能够想得到，主持事业上已经超越了自己预期的杨澜，为何会突然间做出如此"不切实际"的决定？

杨澜的决定并非空穴来风，而是在她的人生规划中早就排上队了的。只不过，要放弃眼下所拥有的一切和可预见的美好未来，还是让很多人为她感到"不值"。

"我觉得一个节目没有一个人重要"。这是资助杨澜赴美留学的正大集团总裁谢国民先生说过的一句话，这句话深深影响着杨澜，也影响了很多有梦想、有追求的青年一代。

的确，很多工作岗位对于一个人的职业生涯而言，可能就是一个阶段性的"表演"，表演得够稳定、时间够长久，那么，这就是一个"连续剧"；如果时间短暂，那就可能是"舞台剧"或"短剧"。每一个人都是自己的人生主角，但在整个社会大环境下却都是配角。人生是否足够精彩，编剧和导演往往比演员更有话语权，这就是社会现实与个人理想总不是那么容易就契合的根本。

这一次，杨澜给自己的职业生涯换了一个"频道"，那一年，她26岁。

远赴美国哥伦比亚大学就读的杨澜选择了国际传媒专业，这是她从主持人转型到传媒人的计划中的第一步。很多时候，人做出的一个决定看似果断，收获的成绩看似简单，但实际上，她所遭遇和面临的却是一般人难以理解和应对的磨难。在哥伦比亚大学的学生宿舍里，杨澜曾经历过一次终身难忘的夜晚。那一天，杨澜正常地在电脑上敲打着，她要完成一篇论文，而且是第二天必须要交上去的。当杨澜的手指在键盘上不断地敲打的时候，电脑突然之间"罢工了"，没有做保存处理的杨澜瞬间哭爆。半夜两点，她除了听得到自己的哭声外，就是楼道间游走的老鼠走来走去的声音。

那一刻，杨澜体会着从未感受过的孤独，好像全世界都在准备袭击她的意志一样，她真的不知道接下来该怎么办？迷茫、彷徨、失落、孤独……充斥着这个中国留学生的整个身心。杨澜知道，这样的沮丧除了徒增伤悲之外，没有任何的意义。就像当初她就读外国语学院却听不懂外语听力课一样，沮丧不能成就自我，只有自己才能拯救困境中的"我"。于是，杨澜收住了哭声，重新开机，继续奋战，终于赶在天亮之前完成了论文的撰写。

"有些人遇到的苦难可能比别人多一点儿，但我遇到的困难并不比别人少，因为没有一件事是轻而易举的，需要经历的磨难委屈，一样儿也少不了"。回忆那段留美学习生活时，杨澜时常这样感叹成长的艰难。企业的生命和人一样，都会经历不同时期的"生长痛"，想要成长，必须要经历痛苦，就像铁杵变成绣花针的整个过程，都要无休止地被打磨一样。所以，杨澜从未因为任何的困难而纠结自己所设计的人生和职业规划，而是一步一个脚印地坚实走好每一步，向着梦想，向着现实。

在美国留学时有很多业余时间，杨澜都用来为做一名优秀的"传媒人"而努力和积淀着。她与上海东方电视台联合做了一档有关于美国政治、经济、社会、文化的专题节目——《杨澜视线》。一直以来，外界对杨澜的印象，总有一中肯的评价，就是她的视角独特。《杨澜视线》正是杨澜首次以自己的独特眼光将看过的世界重新呈现在观众的面前。这档节目，杨澜是策划，是导演，是制片，是撰稿人，也是主持人。也是这档节目，成就了杨澜从一名综艺节目主持人向复合型的资深传媒人的过渡。

40 集的《杨澜视线》在中国 52 个省市电视台发行，为杨澜成功的二次转型在国内打开了绝对的切口。更重要的是，杨澜在此期间结识了事业和人生的伙伴吴征。吴征是中国资深的投资和媒体企业家之一，他也是杨澜人际关系网络和事业空间最重要的"编织人"。1995 年 10 月 27 日，杨澜与吴征在交往一年后，在纽约的广场饭店携手步入了婚姻殿堂。作为丈夫，吴征总是鼓励妻子杨澜要不断尝新，他认为：人可以在尝试中无数次失败，但绝对不可以待在保守中坐享其成。杨澜的路，越走越宽，这离不开丈夫吴征的鼎力支持。

1997 年留学回国之后，杨澜开始寻找更适合自己的空间，她准备搭建属于自己的舞台了。恰在此时，凤凰卫视成立了中文台，杨澜加入其中，并于 1998 年 1 月开始首播《杨澜工作室》。与 1990 年选择做主持人，到 1994 年为成为优秀的传媒人转身留美学生，再到 1998 年成为凤凰卫视《杨澜工作室》的当家人，不知道是不是巧合，三次转型居然都是时隔四年。

加盟凤凰卫视，为杨澜职业发展积累了重要的经验和资本，也预留了未来更广阔的发展空间。那个时候，杨澜既是主持人，又是《杨澜工作室》的"管家"，她要自己做选题、做预算，包括节目组的柴米油盐都要精打细算。那段"拮据"的经历对杨澜来说是最好的历练，她懂得了，如何在经费最低的条件下更好地完成节目，完成到什么程度最佳。

《杨澜工作室》创办的最初两年，一共采访了120多位重量级人物，不少参加过节目的大咖，在后来的很长一段时间都和杨澜有着密切的联系，甚至成为她职业发展的伙伴，他们给了杨澜无微不至的帮助，更在精神层面上给予了杨澜不可忽视的精神财富。人生匆匆，120多名重量级人物的成功宝典，也是杨澜丰富信息源获取的有利途径。

人生的每一次经历都不是平白无故存在的，它给予智者思想上的源泉，成为其事业鸿海中一处重要源头。加盟凤凰卫视两年之后，杨澜的人生计划进入到了第四次转型的风口。进军商界，杨澜缺少的只是资本，而资本的运作，恰是丈夫吴征的优势。

1999年10月，杨澜从凤凰卫视离开；2000年3月，她一手操作了良记集团的收购案，"改朝换代"为阳光文化网络电视控股有限公司，并以此借壳上市，打造出一个阳光文化的传媒帝国。很多商人选择作为事业幕后的推手，而杨澜则不同，她更愿意站在阳光卫视的最前端，引领潮流和时代。杨澜成功转型为一名资深传媒人，从1994年开始到2000年，杨澜只向世界"借"了六年的时光，却还给人们一个"阳光帝国"。

然而华丽转身为传媒企业家后不久，杨澜就遇到了全球经济的不景气。她备感压力，几乎每天24小时头脑都不停歇地为公司的经营旋转着。加上市场竞争的压力过大，阳光文化网络电视控股有限公司的成本差不多锐减了一半，其中亏损最为严重的卫星电视和香港报纸出版业务，杨澜不得不忍痛割爱将其从体系中剥离开来，与此同时，她将自己的工资直接打了一个四折，以减缓公司上下更多的资金压力。

杨澜苦苦支撑了一段时间，阳光的经营状况依旧没有得到改善。有那么一段困苦的时间，杨澜几乎天天与丈夫深谈至凌晨。作为传媒界的企业家，她坚强、有韧性；作为一个女人，她也有自己脆弱的一面。杨澜言语中流露出的彷徨和无助，让丈夫既心疼又恐惧，他担心坚强的妻子在大难面前不够"柔韧"，他太了解杨澜了，如果妻子心中那根负重的弦再紧绷下去，极有可能突然间绷断，导致彻底崩溃。经过深思熟虑，吴征和妻子恳谈一次，他告诉杨澜："当已确定回天无力时，越努力付出只会让你越痛苦。你一定要放弃，要战胜自己的感情！"

多年之后，杨澜回忆那段从逆境中再度登顶的记忆时，最感谢的就是丈夫吴征，她称，是亲密的爱人给了她一个明朗的世界。

2003年6月，杨澜将阳光卫视70%的股权卖给内地民企星美传媒，从2000年3月创办阳光卫视，8月正式开播，至此短短三年间，阳光卫视累计亏损超过两亿港元，成为事业有成的杨澜一生中所遭遇的最大失误。

阳光暂且离开了杨澜的事业，但希望始终在她积极的态度中燃烧。转让阳光卫视，杨澜自是不舍，她表示：在选择一些更加理智和更加可行的道路之后，这样一个目标仍然是大有作为的，我还会做下去的。

即使内心遭遇了严重的挫折，杨澜骨子里的那份不甘和倔强依然不会被打败，就像她说的那样，"这样一个目标仍然是大有作为"，杨澜还会继续做下去。

2004 年，杨澜重组阳光文化，成立阳光传媒投资公司，分别在教育、出版、新媒体资讯、电视、体育五大业务上开拓和发展。这一次的多领域涉猎，再一次丰富了杨澜的事业历程，为接下来的创业奠定了深厚的基础。2009 年，杨澜整合了电视和电子杂志等资源，成立"天女王"，这是一个致力于中国职场女性的多媒体社区；2010年，在一次高朋云集的国际艺术活动中，杨澜被美国著名芭蕾舞团的艺术总监深深吸引住了，随后与加拿大女歌手席琳·迪翁联手创办国内首家高端定制珠宝品牌——LAN 珠宝。

就在 2010 这一年，杨澜以 70 亿元身家荣登"胡润女富豪榜"，后于 2013 年被福布斯评为全球最具影响力的 100 位女性之一。

杨澜智慧，智慧的人永远知道自己该做什么事，如何去做。当年的激流勇退后，让人们记住了那个果敢又倔强的女子。舍得放弃的人才能收获更多。她不会在荣誉上沾沾自喜，亦不会在困难的面前裹足不前。她收获着所有女企业家都羡慕的荣耀，却也承担过比任何人都巨大的挫败。一个企业家的成功，并不一定是从开始就注定一路"畅通"，创业过程中的跌宕起伏难以预料，但善于计划的人，从来都是准备好了随时从零开始的。

— No.2 —

机会不来，就过去

　　励志者经常强调：机会偏爱有准备的头脑。于是，大批大批的青年人开始在理想和现实之间的巨大差距中头悬梁、锥刺股，以发愤图强，获得所谓的机会的青睐。可是，什么又是大家理解的机会呢？

　　所谓的机会就是有利的、理想的境遇。真正智慧的人，没有机会也会创造出机会，然后走过去，拥有并享用它。既然称之为机会，那就不是随随便便就能遇到，也不是祈求就能来的。机会来之前，聪明的人早做好了准备，使得机会来了不被浪费。这个世界上，有四件事永远不会回头：说出口的话、射飞出去的箭、逝去的光阴和擦身而过的机会。

　　很多人会感慨，为何自己总是遇见不到机会，空有满腹才华却无法一展才华。于是，很多千里马未能得到伯乐的赏识，终生只为一匹平凡的马，因为伯乐永远比千里马少，就像有创业想法的人很多，但真正把握住机会成功创业的人却很少。

创业无先后，奋斗无止境，机会不等人，这就是现实的世界。

对创业者而言，创业机会真的是难遇且不可求，但不能因为没有就不去尝试和努力。其实，创业并不是难得无法实现，我们的身边不是涌现出了很多各行各业的能人吗？行行出状元，我们要相信，不是我们做得不够好，而是我们的选择并不是最适合我们的。什么是创业？创业不就是满足社会的需求，再从中获得相应利润的行为吗？所以，这一点创业的理解，足够让我们坚信，创业并没有那么复杂。

对于创业者而言，创业机会实际上就是市场对消费的需求，创业者的创意满足这样的需求，那就是遇见了机会，没有什么悬念，抓住了就可能成功，没抓住也就溜走了，它不会再回来。这样可遇不可求的机遇即便溜走了，总还是会被一些智慧的人再度创造出来利用，或者说，根本不存在的机会，也能够被智者完美地挖掘出来。

营销界有这样一个经典的案例：有一个推销木梳的业务员，他身边的消费市场已经被对手及自己的同事们所分割得差不多了，他想要继续推销木梳，就必须开辟出一个新的消费市场，于是他来到了一个寺庙，向和尚们兜售木梳。

听起来，这真是一个天大的大笑话，和尚没有头发，也就没有对木梳的需求，这位销售人员的业绩又是从哪里出来呢？然而，看似没有的市场，却被这位销售员真实地创造出来。这位销售员对和尚说，人的大脑表层有很多穴位，每一个穴位对应的都是身体某些器官，如果这些穴位长时间得不到刺激，就会深度影响身体某些器官的正常运行。这些弊端在正常人的身上是很难发生的，因为用木梳梳头实在是习以为常。但是对于和尚们而言就很特别了。他们没有头发，也就从来没有用过木梳，这就意味着，他们头上的那些穴位没有接受过任何的刺激。

就这样，销售员带去的木梳，在这名销售员的推销之下，寺庙里的和尚人手一把木梳。这就是营销，非常成功的营销。

所以，有市场就会有需求，有需求就有创业的机会，就看想要创业的你是否把握得住了。寻找创业机会一点都不难，难的是，不是每一位想要创业的人都有眼光。想要发现机会，必须有积极良好的心态才行。

美国人李维斯在和一大批淘金的人赶赴西部的时候，路上遇到一条河，将来往的路阻断了。当时，所有的人都非常生气和郁闷，因为他们无法渡河，就意味着淘不到金。然而李维斯却高兴地跳了起来，说："棒极了。"因为李维斯发现了一条别人没有发现的新"淘金"之路。李维斯想办法弄到一条大船，然后给那些想要过河去淘金的人摆渡，从中收取"过河费"。淘金是一个看不见希望的美好愿望，也就是说，能不能淘得到金都是未知数，但是通过摆渡而收取费用却是看得见的财富。因为当时只有李维斯发现了这个赚钱方式，所以一开始，李维斯确实赚得盆满钵满。

但是后来，别的人看到了生财之道也开始加入到摆渡的队伍中，李维斯的生意也就不那么好做了。当李维斯的生意被"抢走"之后，他居然再一次高兴地跳起来喊着："太棒了！"这一次，李维斯又发现了哪些生财之道呢？

原来，一批淘金的采矿人，在劳作之后极度需要大量水源来作为补充，导致了当时的饮用水过度紧张，于是，李维斯又做起了饮用水的生意，再一次赚到了钱。与上一次境遇相同的是，很快，饮用水的生意也被别人"抢走"了。李维斯不但没有焦灼，而是第三次大声叫出来："太棒了！"

李维斯发现，采矿工人因为长时间需要跪在地上，所以他们裤子上膝盖的位置特别容易磨破，当时，在矿区有很多被人丢弃的报废帆布帐篷，李维斯就把这些旧帐篷收集起来，洗干净后再缝制成裤子。李维斯的帆布裤子可比矿工们身上穿的裤子结实多了，可以说供不应求。后来，李维斯给他的帆布裤子起了一个新名字，叫作"牛仔裤"。

每一次自己创造出的机会被他人抢走了之后，李维斯不但没有生气，而且还会发现更有价值的其他机会。与其说，那些机会是李维斯创造出来的，不如说机会本就在那里，只是别人没有看到，李维斯不仅看到了，而且还把握得很好。

成功学大师拿波伦·希尔曾说，"一切成功，一切财富，始于意念"。这里的"意念"指的就是创业者那份积极的初心、正确的态度，他们不怨天尤人、不恶意破坏市场规则。

创业的机会无时不在，也无处不在，创业者该如何去发现、去创造、去把握？

首先，我们都清楚，创业的机会大多存在于瞬息万变的市场之中，如果市场环境发生了变化，市场需求和市场结构就会跟着一起变化。管理大师彼得·德鲁克认为，创业者就是指能够寻找变化并积极反应，再将这类变化充分利用起来的人；其次，寻找创业机会的一个重要途径就是善于去发现和体会消费者的需求和可能潜在的需求；再次，如果你的创业可以弥补竞争对手的缺憾，那么，这就可以成为你的创业最有价值的一个机会；最后，你要善于去研究别人成功的创业，这个研究不是为了与对方进行适者生存不适者淘汰，而是要在成功者的背后寻找新的机会。每一个新产品的诞生都会随之带来更多的值得创业的机会，比如手机的出现，就带动了手机维修、手机配件的生产等诸多行业的兴起。即使我们的创业者没有发明创造的那个才能，至少我们可以做其他商品的经销商或服务商，比如蜜芽的首席执行官刘楠，最初的创业就是代理花王纸尿裤，这不就是可以看得见的商机吗？

商机是看见了，但这样的商机对于创业者而言，是赚钱的路子还是砸钱的锤子，也是值得推敲的。一些创业者认为自己的点子独到、有价值、实用，对创业也充满了信心，但却忽略了，并不是每一个好的点子都能够成功创立出来的。如何辨别一个商机是否值得去创业，《21世纪创业》的作者杰夫里·A.第莫斯教授给出了答案。他分析，好的商业机会包含四个典型的特征：有包括人、财、物、信息、时间等在内的资源及技能；足够吸引消费者的购买欲望；符合市场的大环境，能够在商业环境中行得通；比竞争对手更早一步地将商业想法推广到市场上的精湛速度。

发现创业机会不是一件容易的事情，但也不是高不可攀。机会安安静静矗立在那里等待着被发现，它不会动，但创业者却可以走过去。那些成功的企业家们，也不是说他们有多么的好运气，而是那些成功者，总能在第一时间发现新的商机，能够不断挖掘创业的机会。第一个吃螃蟹的人同样也是第一个品尝美味的人。

人际交往中，有这样一个"隐性条款"，说的是两个毫无交集的人，如果恰巧拥有一个共同的敌人，这两个人就可以视为朋友，也就是说，你的敌人的敌人就可能是你的朋友。现行的企业如果带给了消费者难以逾越的痛点，那么，对于创业者而言，这些"对手"的痛点不正是创业的机会吗？

这是一个哪里有痛点，哪里就有机会的时代。当求职者抱怨"找工作难"时，当用人单位抱怨"招不到合适人才"时，求职和人才招聘的市场是痛点，也是机会；当人们不断埋怨出行难、卖车难时，出行和汽车领域是市场的痛点，也是机会。互联网的时代，不需要任何的广而告之，一键"发送"，就可以整个网络上的人全部知晓。浪潮袭来，最需要填平的是洼地，然而当所有的创业机会都指向洼地的时候，这个"洼地"也就成为了更多创业者的"葬身之地"。对于成功的创业者来说，痛点是机会，是成功的原点，然而对于那些并未取得成功的人来说，没有把握好机会就会无情地被飓风拍死在"好的机遇"里。

《圣经》中有一段话这样说："凡有的，还要加倍给他叫他多余；没有的，连他所有的也要夺过来。""好的机遇"里，你会发现一个再自然不过的马太效应了，即强者越来越强，弱者越来越弱。如出租车行业领域里，滴滴和快的拼杀多年最终走在了一起，与其呼吸同一空气的"爱拼车"死了，"友车"也不存在了。都说"早起的鸟儿有虫吃"，可是谁又知道早起的是鸟儿还是虫儿？如果说"痛点"是创业机会，那么，新兴的创业者和巨头的创业视角是可以被允许同时猎奇"机会"的，因为这是一个"通吃"的时代。"通吃时代"最常见的就是，创业者排除万难一手开拓出的市场，历尽艰辛培养起来的用户习惯，满满的正能量正等待这收割创业红利的时候，巨头出现了，他带走了一切。

创业成功的道路很拥挤，将来也许会有更多的未知的市场空间，但今天真的很难。

无论是生活中还是事业中，痛点是机会，也是陷阱。它们的目的是被吸引、被注意，然后是被利用，终极目标就是被完善和被挖掘。如果我们给"机会"以生命，那么"陷阱"也一样有血液的流动。智者能够把握机会，也能将陷阱打造成机会，最终享受到创业的果实，当然，是机会还是陷阱，都要有所"需求"。

她叫应潇忆，曾经有一份不错的境外投资工作，最初工作的那段时期，也很享受经常穿梭于不同国家、地区的工作状态。可是没过多久，这位杭州女孩却对自己的工作提不起兴趣了。应潇忆突然发现，这样的工作并不是自己事业的终点，与其在漂泊中游离，还不如早做打算。

考虑再三，应潇忆还是离职了，在她还没有来得及给接下来的生活做计划时，祖父不小心摔骨折了。年迈的祖父需要一位贴心的护工进行照料，然而应潇忆几乎跑了整个城市的中介，才找到一位比较满意的护工，可是，这位护工没做几天就不辞而别了。与此同时，应潇忆的另一位朋友刚刚生完孩子，也苦于找不到专业的月嫂，市面上的中介倒是也找了一些，可是却没有一个算得上专业的，朋友希望得到一位专业的育儿师的帮助，而不是简简单单地照顾孩子的保姆。

一个是对时间和经验的需要，一个是对专业和技能的需求，应潇忆和朋友的需求同样是其他人的需求。也是因为有同样的"痛点"，应潇忆和这位朋友聊着聊着，顺着痛点向上去寻找源头，然后连根拔起，摇身一变成了创业机会。

2013 年，应潇忆在北京成立了家政服务公司——创客优家科技有限公司，推出国内首家实名制免中介费的家政服务网站。"我们希望运用互联网思维，建立起一套较为完备的 O2O 家政服务模式，让雇主和家政从业人员都能够简单高效地找到最为契合彼此的对象。"应潇忆回忆说。

对于创业者而言，被认同和被支持是他们将企业做强做大做长久的动力和信心。"刚开始很多人认为我们是骗子，都觉得怎么可能有免费的中介啊？好长时间一单都没接到。"就在应潇忆有点儿想打退堂鼓的时候，创客优家的第一单生意出炉，那是一位十分"挑剔"的客户，众多家政中介都未能满足他的要求，他也是抱着试试看的态度在创客优家网站上"试试看"，没想到还真的找到了满足自己需求的工作人员。

因为不收取任何的中介费，很多家政服务者受到"免费午餐"的吸引，不足一年的时间，创客优家就已经吸纳了 2 万余名家政从业者。2014 年 5 月，懒人家政 APP 上线，成为"互联网 +"时代家政行业领军者。

一经上线，懒人家政即大受欢迎。因为这个 APP 实在是太简单、太容易操作了，真的是绝对够"懒人"。只需一键即可下单，5 秒内系统自动完成匹配，60 秒内家政人员接单。"懒人家政"在家政服务环节上不断尝试着做减法，家政服务的供需方体验上不断做加法。简单、高效、安全，是应潇忆的追求，也是供需产业链上的需求。

2014 年 2 月，懒人家政获得上海原子创投数百万元天使投资；2014 年 6 月完成泽厚资本数千万元人民币的 A 轮融资。如果不是当初对家政中介的深刻"痛点"的了解，如果不是追根溯源从服务的初心出发，如果不是变"痛点"为机会，如果不是用心地经营"机会"，应潇忆和懒人家政就不会成功。

—No.3—

简单，才是效率

张瑞敏曾说过，把每一件简单的事做好就是不简单，把每一件平凡的事做好就是不平凡。

简单，是可以让人更容易获得成功的本质。志向简单的人不会被繁杂的目标迷乱了视角，欲望简单的人不会被炙热的欲火焚烧了理性，心绪简单的人不会被繁芜的小事拖垮身心，情谊简单的人不会被纷纭的世态封闭了心灵的真挚。真正胸怀远大的人，待人生目标确定，志向的劲弓一朝拉满，就会像义无反顾的箭矢一样，向着确定的靶心迅速飞去，而不会因任何纷扰耽搁了生命中精彩的"十环"。

优等的心不必华丽，但必须坚固。创业者可以没有绝对制胜的能力、雄厚的资金、广阔的人脉，但绝对不能没有不懈的努力和远大的梦想。马云曾说："我觉得创业者首先要有一个梦想，这很重要，你没有梦的话，为做而做，别人让你做，那是做不好的，要坚强；第二要有毅力，没有毅力做不好，根据我自己的经验，我每次创业的时候，有一个美好设想的过程，但是往往你走到那儿它不一定美好。所以你要告诉自己，自己走的路每天碰上的事情特别多。我1995年创办黄页，然后又开始创业做阿里巴巴，我觉得自己反正已经倒霉，这个不成，那个也不成，反正再做十年倒霉也无所谓了，毅力很重要。所谓的毅力就是你期望的最好是失败，你不要寄希望于自己成功，这个可能跟大家想法都不一样，我觉得对我来讲从第一天创业到现在为止，我经常提醒自己这句话，就是我创业为了经历，而不是为了结果，人的结果都是差不多，都是去一个地方，就是火葬场。"

到目前为止，互联网时代最大的赢家应该非马云莫属。当更多的人都去请教马云，如何才能取得创业的成功时，马云最经典的两字回答就是"简单"。创业是没有先后之分的，创业者也不是从起跑线上就分好了"大王""小王"的。每一个创业者都是在同一起跑线上"预备"，往往那些最简单的旨在把自己的那段路程尽量地在自己的跑道上跑得最好。结果，越是简单的创业者越容易收获成功。因为容易的事往往做起来更简单，但简单的事却不是所有人都能做得那么容易，而且，越简单也就越容易被忽略，这也是为什么明明把握住了创业机会却依然还是败在了"好的机会"上。

2016年12月7日，国务院常务会议审议通过了《"十三五"国家信息化规划》(以下简称《规划》)，《规划》首次把网上丝绸之路建设写入政策纲要，并将其列为优先行动，目标是到2020年，中国与"一带一路"沿线国家形成基于跨境电商、数字贸易的多双边经贸合作大通道。

丝绸之路、电商、跨境、贸易……这一系列影响经济、影响国运的词汇，一股脑地涌向了一位叫作王树彤的女企业家。

王树彤？

想必研究互联网的人一定还记得，那个自称头脑简单，却胆大妄为地敢跟马云叫板的人。是的，她就是王树彤，在没有淘宝，甚至连 2G 都不算发达的时代，她曾有一个"可以创业做跨境电子商务"的创业梦想，你一定觉得她疯了，而且疯得很厉害！

1968 年，王树彤出生在北京，不知道是不是皇城根底下的山清水秀滋养了她足够坚强的本性，还是小时候就接受专业长跑训练的经历，让她更知道什么叫作化整为零，什么叫作化难为易，什么样的方式更适合头脑简单的自己。

1991 年，王树彤毕业于北京邮电大学电子工程学院，随后赴清华大学软件开发与研究中心任教。在家人和朋友的观念里，一个女孩子，毕业后在清华任教，这是一份相当不错的工作了。然而王树彤却不这样认为，甚至在她所经历的所有工作和平台上，清华的那段执教经历是她唯一一次不堪忍受的枯燥。

20 世纪 90 年代的中国，她感受到的各种节拍都比较缓，没有现在这样快和紧凑，即使人才济济的清华园，一些人也都显得很"闲"。一周七天有两天休息，剩下的五天要做的工作，王树彤不到一天就超额干完了，剩下的四天只能用看书、学习、听讲座来填补空白。其他人则是从周一到周四都用来喝茶、下棋，到周五的时候再工作，显得充实还不失娱乐。所以，王树彤在那个环境之下就显得特别"另类"。

既然"道不同"，也就很难再"相为谋"了。一年之后，王树彤把清华"炒了鱿鱼"，为此还支付了为数不少的"离职费用"，但王树彤从未因此而遗憾或后悔过，反而感谢当时的自己如此的坚决。

1992 年，微软看好中国市场并在此设立了代表处，王树彤获得入职微软的机会。入职的第一天，王树彤的顶头上司就没给她好脸色，直接丢给她《三国演义》中的一句话——蜀中无大将，廖化作先锋。意思就是说，满大街都是比你王树彤更优秀的人，但因为微软刚刚"落户"中国，还没有太多的资金在人力成本上"浪费"，只能睁一只眼闭一只眼，勉强录用你先做着看了。这样直白的开场，让王树彤险些没招架得住，她顶住尴尬和难堪，微笑着准备好了接下来的挑战。她不相信，自己就这么被微软看扁，她一定要做出成绩来证明自己。

王树彤的骨子里一直有一个信念，那就是坚持。在她还是一名小学生时，一次长跑集训的万米测试中，她曾经对那段望不到尽头的终点产生了难以克制的恐惧。在剩下最后 400 米的时候，王树彤实在没有了希望，她只觉得眼前的跑道是没有尽头的"永远"。

"不许停，即使爬，也要给我爬到终点！"教练歇斯底里的一句怒吼一下子令王树彤清醒了，她咬紧牙关继续奔跑，直到冲破了终点线。从此，王树彤明白了，成功和希望，只有咬紧牙关坚持，才能收获。

但是，上苍似乎并没有眷顾这位坚强的女孩，接踵而至的麻烦和恐怖越来越多。微软的工作强度十分大，讲究计划、效率和精准，王树彤一周七天从来没有在零点之前睡觉过。即便这样，依然没有逃脱得掉上司的爆训。

微软亚太区的一次技术大会上，王树彤负责整个会议的组织工作，因为是第一次做这样的组织工作，她没有多少经验，只是尽可能地往全面了去计划和设想。在入场签到的环节上，王树彤将签到、登记、注册、会议资料、领取各种表格集中在一处，导致来自日本、韩国、新加坡等国家和地区的与会者一时之间在签到台前一片混乱，此时，距离开幕式已经不足 30 分钟了。尽管后来大会顺利进行，王树彤还是被领导责骂一番。王树彤曾想过一走了之，但回头想想，"别人都能坚持，我也可以，我就想看看，谁的耐力最好"。经过这次失败，王树彤积极认真地总结教训，此后的每一次活动，王树彤做得都尽善尽美，堪称业内楷模。

1995 年，比尔·盖茨的私人访华团来到中国，王树彤作为所有行程的安排者，设定了北大自行车游、西安兵马俑参观、乘坐毛泽东号列车赴农村做调研等环节，深受盖茨的欣赏。盖茨撰写的那篇轰动世界的《信息产业与中国》正是源自于此。

1996 年，WIN-95 在北京的产品发布会依然由王树彤担任统筹。此前，在世界各国举办的该产品发布会盛况空前，为了让中国脱颖而出，王树彤想到了故宫。发布会当天，数百只印有"WIN-95 新视窗"字样的风筝在故宫上空飘扬，王树彤见到此景却独自坐在角落里流泪，只有她才知道，为了这次发布会的新颖和顺利开展，自己付出了多少努力，哪怕是发布会前夜，她还在为了说服那些出尔反尔的关联人而奔走游说。

对于微软中国区里的那位倔强又坚强的女孩，业内业外无不称道。而王树彤自己则谦逊地表示：创业的成功与否，很多时候并不取决于战略和战术，奋力向前的努力才是最关键的。因为坚持了，就能看得到黑暗下一秒的柳暗花明。

王树彤是一个简单的女孩，即使在微软这样的世界名企中，也以自己简单的特质，避免了更多无谓的消耗，从而让效率更明显地提高了，还保障了自身的精力一直旺盛不衰。王树彤留在这个充满历练机会又富有绝对挑战的公司，一干就是 6 年。她的坚持得到了微软中国区最高职位"犒赏"——微软事业发展部总经理。王树彤带领一支微软中国最精英的团队，在这个世界的互联网平台上自豪地微笑：她，王树彤，是耐力冠军。

除了简单和坚持，王树彤还擅长折腾。一旦有了想法和决定，就一定会坚持不摇摆直到最后，而且行动力超强，通常情况下，头一天晚上想到的点子，第二天早上便迫不及待去实施了。从微软出来后，王树彤到了思科，亲自组建了营销部，成为了思科亚太区的最强队，而王树彤，则是思科亚洲高管中唯一的女性。王树彤感叹地说："我代表的国家、区域，市场能力、销售业绩最好，所有人都重视我的讲话，没我参加，整个会议都黯然失色，这种自豪激励着我的斗志。"

　　思科的市值雄踞全球 NO.1，股票也开始在美国华尔街的上空独领风骚，此时，王树彤却在事业最鼎盛的时候选择了放弃公司股票，开始闯进互联网世界，成为新组建的卓越网总裁。面对更多领导、同事和朋友的质疑，王树彤表示："我只是想，如果我出门带的不是微软或思科这样大公司的名片，别人会不会尊重我？"

　　2000 年 2 月，为了这份"尊重"王树彤开始了互联网残酷的不归之路。

　　卓越网的"前世"仅仅是一个为网民提供免费软件和游戏下载的平台，投资大，还没有多少访问率，可以说，根本就是严重的入不敷出。凭借经验，王树彤为卓越网量身定制了一个科学的"今生"——电子商务。这一观点的提出，遭到了所有卓越网上下的否定和质疑，但是王树彤没有放弃，她始终坚持着，这份拼命的结果就是，王树彤用自信说服了员工，也用事实证明了自己的选择。

　　三个月的努力，卓越网创造出了中国电子商务历史上第一个销售记录，一套 11 本的《加菲猫》，卓越网三个月的销量是同产品于西单图书大厦五年的数量。王树彤大概用三年的时间，让卓越网坐上了中国互联网音像店的头把交椅。傻傻的努力、傻傻的坚持、傻傻的简单，王树彤一直都在证明着，简单的自己也能创造出轰轰烈烈的奇迹。

　　2004 年王树彤的女儿出生了，虽荣升为母亲，但她思想上又开始"不安分"了。王树彤想，她事业上的"孩子"是不是也该孕育了？

　　同是 2004 年，王树彤创立专注于为中小企业跨境交易提供服务的平台——敦煌网，此时，这一领域的大哥位置早就被马云占据了，王树彤和敦煌网挑战马云能否成功还是未知数，却还要承受着姥姥不疼、舅舅不爱的、使亲者痛仇者快的压力。

创业的艰辛，王树彤早有体会，而且这一次，也是做足了承受一切的准备，但当困难临头，她还是感到了心灵上的阵阵伤痛。敦煌网的第一个卖家是王树彤软磨硬泡"抢"回来的，但在网站正式上线的前奏期突然反悔了；敦煌网的第一笔注资，在最紧要的关头突然没有了；一个最需要人才撑起来的初创企业，却只剩下了不到10人。

没有注资时，王树彤就卖掉自己的座驾，并拿出积蓄给员工发工资、添加服务器。直到第一个敢为敦煌网投资的人出现之前，王树彤已经一穷二白了。首位注资人在表达自己决定为敦煌网注资时如是说："你已经把全部身家压上了，去证明这个商业模式，这足以让人相信，你不是在忽悠一大笔钱。"

自此，敦煌网逆天而行，飞速发展，仅2007年的1月份，就实现了2006年全年的交易额。随后，大批量的风投们风风火火地成为王树彤的合作伙伴。2008年，全球金融危机席卷而来，就连"大哥"马云都开始计划着"过冬"了，敦煌网却丝毫没有停下来歇歇、避风的架势。2008年，敦煌网交易额14亿元，2009年交易额实现25亿元。王树彤一步一个脚印扎实地前行，从未有过危机感的阿里巴巴，第一次有了"怯意"——2009年下半年，阿里巴巴的"速卖通"以复制敦煌网的姿态悄然上线。此时，这些早已不再是王树彤最为关注的视点了。"我是一个想法简单的人。我这辈子，只想经历点事情，知道些有趣的事，有点幸福感和成就感，如此而已。"2010 年 3 月，敦煌网获得中国跨境电商最大的一笔融资后，王树彤有些幸福、也有些感动地表达自己当时的心情。

2010 年 11 月，作为互联网行业中的优秀代表获得 2010 亚太企业精神奖颁发的"新兴企业家奖"；2010 年 12 月，王树彤获得由中国信息产业经济年会颁发的"2010 中国信息产业年度经济人物"奖；2011 年 3 月，入选"2011 年度商界木兰"排行榜；2011 年 4 月，获得"中国商界十大女领军人物"奖；2016 年 4 月，获得《中国企业家》杂志社颁发的"2016 中国商界女性年度人物"称号……王树彤的故事，还没有结束，也可以说，在成功的奔跑中，王树彤离终点还有很远很远。

她从来没有把马云看作是竞争对手，但世界却评价她为"唯一可以与马云媲美的人物"。王树彤不是从出生就主动成功的赢家，命运更没有给她得天独厚的天赋，时代似乎也没有注意过这个拼命创造机会的奋斗女性，她的事业算不上顺风顺水，她所遭遇的困难和面对的磕磕绊绊一点都不比别人少。但就是这样的非天生赢家，在"微经济领域"，一不小心就让马云成为了她的紧跟者。

Chapter 4

商界核心——
所有的成功都是人的成功

任何成功都需要人去奋斗和努力才能有机会实现，可以说，所有的成功都是人的成果，一个人的努力有多大，她的成功就有多大，这是成正比的。决定创业者成功的是其自身的优势和对创业本身的投入。首先，要选择一个感兴趣的或特别在行的领域去创业，然后持续努力和学习，给所创的事业标配好各类"搭档"，如名称、文化、理念、定位、策略和运营等。待一切准备就绪，剩下的就是"撸起袖子加油干了"。

— No.1 —

平衡是时间的朋友

　　美丽的草原之上，时间刚好划过黎明，现出清晨的第一缕曙光。酣睡的羚羊从梦中惊醒，准备好了新的征程。它们在想，"新的一天已经开始，我们要提早一些奔跑，免于被猎豹发现成为其盘中餐"；同一个时间，猎豹惊醒，望着羚羊奔跑的远方，伸了一个大大的懒腰，狂吼一声后，奋身追去。即使目标很远，也要加快脚步追赶，因为如果错过了，就意味着饿肚子……

　　于是，草原在美好的时间里，上演了一场疯狂的奔跑和追逐，最终的结局只有两个：羚羊的速度快，猎豹就会饿死；猎豹的速度快，羚羊就会被吃掉。它们身后扬起的滚滚黄尘，似乎在证明着，谁的速度更快，谁与时间的关系最好，谁才是时间的朋友！

　　昨天与今天好像没有间隙，但今天与明天之间，却总有很长的一段距离，一段积极努力的人不得不加倍付出才能缩短的距离。无论什么样的时间下什么样身份的人，都要在自己精力最充沛的时候，与时间赛跑，他们所追逐的，不仅是在有限的时间内能够创造出更巨大的成果，也是构建质疑中充满感受、思索、行动的时钟。

如果说，人生中的每一点滴的发生发展，都是缓慢而艰巨的，那么这一生之中，恐怕只有一个目标的实现才是最需要着手解决的关键。时间是这个世上所有成就滋生的土壤，它注定是空想者的痛苦、创造者的幸福。

格力"当家人"董明珠始终认为：一个企业最重要的是管理，如果没有优秀的管理就不可能有优秀的人才。没有优秀的人才，一切都是空谈。我们都知道，企业管理中最关键的一项内容就是时间管理，特别是企业管理者的时间管理能力，将直接影响公司的发展速度和生存优势。

所谓时间管理，是指用最短的时间或在预定的时间内，把事情做好。时间管理所探索的是如何减少时间浪费，以便有效地完成既定目标。时间是指从过去，通过现在，直到将来，连续发生的各种各样的事件过程所形成的轨迹。它具有供给毫无弹性、无法蓄积、无法取代、无法失而复得的四大特性，有效的时间管理具有非常重大的意义。美国管理学者彼得·德鲁克（P.F.Drucker）认为，有效的时间管理主要是记录自己的时间，以认清时间耗在什么地方；管理自己的时间，设法减少非生产性工作的时间；集中自己的时间，由零星而集中，成为连续性的时间段。有效的时间管理就是要把所有可利用的时间尽可能地投放到最需要的事情上，其关键在于制订合适的时间计划和设置事情的先后顺序。有效的时间管理可以让企业提高工作效率，减少管理成本，在规定时间内完成超额的任务。

有效的时间管理可以让员工自己掌握正确的时间管理技巧，制订适合自己的时间管理计划，拥有充分的个人休闲时间。

说到时间管理，众企业家当中，往往那些巾帼不让须眉的女性企业家更为擅长。我们都知道，一直喊着"冬天来了"的"华为掌门"任正非是低调务实的时间管理大咖；我们不知道的是，他身后一直默默无闻地矗立着一位更善于管理时间的牛人，她就是华为的董事长孙亚芳，一个站在巨人肩膀上的神秘女子，一个被尊称为"华为女皇"的低调女人，2016财富中文版公布的"中国最具影响力的25位商界女性"排名中的"探花"。

孙亚芳是财富、福布斯等评选的"商界女性"榜单上的常客，从1992年加入华为至今已近三十年。从1999年起，孙亚芳开始担任华为的董事长、法人代表等法理上的最高领导人，与任正非一人主内，一人主外，形成了非常具备高效拮抗力的"左非右芳"管理格局。在华为，孙亚芳主抓市场和人力资源两块阵地。她在改变华为在全球商界的影响的同时，也在改变着世界。

1955年，贵州一个小山村的农户家诞生了一个女婴，她就是孙亚芳，一个玲珑剔透的可人儿。在那个艰难困苦的年代，很多家庭连温饱都成问题，更不要提学习和培养计划了。但是在孙家人眼里，女儿孙亚芳将来一定是驰骋沙场的"穆桂英"、军中英雄"花木兰"。孙亚芳自小就十分乖巧、懂事，好像知道自己带有某种使命一般，努力学习、刻苦奋进。1978年，23岁的孙亚芳以优异的成绩考取了电子科技大学无线电技术系通信专业。1982年，孙亚芳顺利进入新乡国营燎原无线电厂工作，成为了当时在国企员工中最有话语权的技术人员。从那个时候开始，孙亚芳就知道，掌握核心技术就是掌握坚实的竞争优势，掌握拥有核心技术的人才就是掌握这个时代胜券在握的信念。所以，当多年之后孙亚芳成为华为董事长之后，她在人才管理和市场运作方面独树一帜，可以说，她撑起了华为的半边天。在华为人的眼中，"女皇"同"掌门人"并驾齐驱。

孙亚芳在无线电厂工作了一年左右，就跳槽至中国电波传播研究所工作，成为了一名教师。中国电波传播研究所是中国电子科技集团公司第22研究所，也是国内唯一从事电波环境特性观测和研究的国家级专业研究所。但孙亚芳在这里也只是工作了两三年，1985年，孙亚芳再次转行，成为北京信息技术应用研究所的一名工程师。直到1989年进入华为工作之前，孙亚芳的工作转换频率一直不低。或许，她一次次华丽转身的背后，有着一颗"不安分"的心，想着要寻觅一条适合自己发展的路线，然后再一直走下去，走到终点，走过无数的精彩。

所以，1989年成为华为一员之后，孙亚芳再没有换过地方。先是市场部的工程师，再是培训中心的主任，然后是采购部主任、武汉办事处的主任、市场部总裁、人力资源委员会主任、变革管理委员会主任、战略与客户委员会主任、华为大学校长……到1999年，孙亚芳开始就任华为董事长。

华为时至今日的辉煌，离不开任正非的内外兼修，而"外"的那一部分，孙亚芳功不可没。她出色的口才与极佳的人际关系是华为最好的"名片"。有媒体曾经报道过，很多年前，孙亚芳还端着国企的"铁饭碗"，但她十分看好华为这枚"国货"。所以，当华为遇到资金困境的时候，孙亚芳动用自己的私人圈子，帮助华为贷款，直至华为走出困境。

这个世界上，最难能可贵的就是一个人遇到困难时，另一个人毫无所求地倾力援助。任正非创立华为的初期满是荆棘，后来他将华为的所有外部力量交给孙亚芳统领时，也是从内而外地信任和信赖。可以说，孙亚芳是华为在最危急的时候伸出援手挽救华为的"恩人"，她看着华为成长，也跟随着华为成长。特别是，每一次华为被"寒流"空袭，孙亚芳总是如"救世主"一样出现，她无所求，像爱自己的孩子一样深深爱着华为，帮着解决各种问题。

1992年，华为的资金链上出现了问题，导致贷款回收缓慢，现金流陷入严重危机。华为上下几个月都发不出来一分钱的工资，一些员工甚至对创业不久的华为大失信心，纷纷请辞。恰在此时，华为新一笔贷款入账。估计是许久没有现金流了，包括任正非在内的多名企业高管都对这笔贷款"不知所措"。最终，一位刚入职华为不久的女员工站了出来，替任正非做了一个大胆又朴实的决定：先给员工发工资！员工们拿到拖欠已久的工资之后，立马干劲十足，之前出现的各种内部矛盾和问题也都迎刃而解了。人才和技术永远都是企业生存的筹码，充满十足干劲的华为人很快就研发出了打响市场的新品。华为这个"冬天"遭遇的"寒流"也就顺利渡过去了。

这个女员工也从那个时候开始，在所有华为人心目中树立起了高大伟岸的形象，她就是孙亚芳。二十多年的华为生涯，孙亚芳一步一个脚印坚实地走到华为"二当家"的位置，她所付出的艰辛可想而知，但是她从未抱怨过。孙亚芳不算是华为的元老，但她对华为的至深之情一点都不逊色于任正非和任何一位华为元老。时至今日，我们已经分不清楚，到底是华为成就了孙亚芳，还是孙亚芳奠定了华为今日的发展，这大概就是血浓于水的生生不息吧。

孙亚芳相貌清秀，即便今天的她已经年过半百，但那份文雅的知识女性的内在果敢还是着实令众人不敢小视的。与雷厉风行的任正非恰好形成了鲜明的对比，孙亚芳的和风细雨、细腻又讲究平衡的行事格调，让她不仅在华为的管理层中独树一帜，在整个企业家的集合中也颇具水准。

·20 世纪 90 年代中后期，华为已经度过了初创期，也平稳地告别了所谓的"冬天"。很多创业者都有这样的感触：创业容易守业难，特别是进入企业第二阶段发展期的时候，多数企业家都遇到了瓶颈。此时，孙亚芳再一次站了出来，组建了一支狼性的钢铁般坚硬的营销大军。

一直以来，华为的低调都是出了名的，行业的其他竞争对手们也似乎在自乱阵脚的时候忽略了华为这个神秘的"刺客"。直到孙亚芳一手建立起来的市场体系横亘整个市场的时候，这个市场都开始胆战心惊了。

华为的销售团队在对待客户的问题上可以用"黏性"来形容。对于目标客户，如果一天见不到就等一天，两天见不到就等两天，一个月见不到就拜访一个月，就算客户远渡重洋，华为的销售精英也会悄悄地顺着水流找到他。反正就是，只要不见面，就一定要制造无数次见面的机会。成与不成，都得见了面听完方案再说。

1996 年起，华为开始了飞速发展期，这与狼性的销售团队是密不可分的。孙亚芳作为"领头狼"自然是受到万世瞩目，但她却从不好大喜功，越是优秀，越是努力，努力平衡一切可能存在的瑕疵。2013 年，华为实现销售 2390 亿元人民币，净利润也高达 210 个亿，超过三分之一的增长速率，使华为轻轻松松就超越了爱立信，成为全球最大的通信设备商，而且没有之一。

1998 年，任正非提议由孙亚芳担任华为董事长时就曾经说过：他作为华为的掌门人，认为孙亚芳有能力也有资历担任华为董事长，这不仅是因为孙亚芳一手建立了华为的市场营销体系，也不仅是因为华为的市场营销体系是华为发展中的支柱，而是还包括了孙亚芳对华为另一大卓越贡献的缔造。如果说，风景这边独好，那么单一的"风景"很有可能让观赏者产生视觉疲劳。要是两边的风景都好，就会形成稳固的平衡力，这个平衡力再用点"力"，就会形成更加稳固的拮抗力。

很多知情人都清楚，华为所有的体系中，最强大的也是最关键的就数市场、研发和人力资源三个部门了，孙亚芳对华为的另一大贡献就是为华为建立了一个科学的人力资源体系。孙亚芳原本就出身通信领域，理性与感性兼容的她很早就知道，作为一家通信制造业，要想繁荣就一定要平衡内外关系。对内，掌门人任正非已经管理得非常好了；对外，孙亚芳要求华为该放低姿态就要放低姿态，而且，她也不认为高姿态就一定会更胜一筹。孙亚芳强调："只有运营商赢得利润，赢得生存能力，设备供应商才能生存。因此，昔日的竞争对手可以成为合作伙伴。"这也就是说，华为要平衡的关系不只是业界的合作伙伴，还包括竞争对手。于是我们看到了，华为不断与业界同行平衡、合作，包括与 3COM、西门子、NEC、松下、摩托罗拉等企业，既存着良性的竞争，也存在彼此之间都在不断加强的合作。

有合作，就会产生共赢，这才是成功的企业家所应信奉的"执念"，平衡之道，是最经得起时间的洗礼，之后的绽放，也将会更加美好。

—No.2—

孤独背后的专注与死撑

我坚信，在生活中始终坚持的人，一定是最美的！

每一个回味的昨天，都会有一股强烈的感受，来自于执拗的过去、热烈的今天，乃至没有暗示的明天。没有谁的生活里可以缺失了畅快的笑和潸然的泪，再呛鼻子的酸和辣也是生活中的味道。迷惘、纠结、挣扎，生活总是给了人们最初的觉醒，然后种下希望，理想照进现实需要大量的努力和奋斗。于是，有人就业、有人创业，亦少不了有人失业，这个时候，谁又能将生活和事业划清界限呢？如此的拼搏，只希望自己的生活里能充满更多的喜悦和收获，为了让每一个明天都变得更加有意义。被划伤后的每一滴血和挫败的痛，都在用真切的感受告诉我们，每一项事业，都不是遥不可及的梦，只要你足够专注，足够死撑！

很多人都说，女性的韧性和承受力都要比男性强大，所以，女性企业家也就比男性企业家更称得上专注和死撑。但这份坚强的背后，要么是渊博的知识做后盾，要么是雄厚的资历做支撑，要么是有夯实的团队一起闯天下。当然，这样的成功看上去就显得很轻松惬意了。

如果一样的结果，起跑线和跑道都有很大的差距，那么这样的成功一定是来之不易的。比如，家喻户晓的"国民女神""老干妈"陶华碧。

前不久流传一种比较独特的饮食习惯——全麦吐司蘸"老干妈"！一瓶十元钱左右的瓶装酱，有什么样的风云人物作为奠基？又有什么样的伟大作为允许它可以远渡重洋到处"招摇"，甚至北美、欧洲、日韩、东南亚和中国的港澳台的人民几乎每一个国民都吃过"老干妈"辣酱？美国奢侈品销售网站的国际品牌中，就有"老干妈"辣酱的位置。一个创造170亿的品牌，你知道吗？它的创始人是一位没上过一天学、大字儿也不识几个，甚至连自己的名字都写不明白的70岁的老妇人。

她叫陶华碧，她不是人们眼中的"女神"，也不是含着金钥匙出生的"公主"，更没有爹可拼，甚至谈不上"嫁得好"。她的一切都是自己拼出来的，在那个她还十分年轻的年代，命运和她的人生开了一个硕大的玩笑——丈夫早逝，独自一人抚养两个儿子，迫不得已南下打工，没有背景、没有学历、没有颜值的陶华碧，甚至找不到一个可以养家糊口的满意工作。于是，创业的想法走近了，给了她美好的希望。可是，没有人告诉她，创业会受伤，竞争会流血；也没有人告诉她，企业管理是什么，如何当一位合格的掌门人。但陶华碧硬是活出了一种别样精彩的生活，向世人诠释了，孤独的背后，那份专注与死撑才是"靠得住"的。

1947 年，陶华碧出生在贵州的一个偏僻小山村，那是一个家徒四壁、吃不饱穿不暖的典型贫困家庭，陶华碧的童年和少年几乎都是在食不果腹的情况下度过的。因为家里穷，陶华碧从没上过一天学，写自己名字"陶华碧"三个字都很费劲。但是，在积极努力的人面前，再大的困难也阻碍不了她人生的快乐。陶华碧是当地出了名的干农活的一把好手，特别是做得一手堪称精湛的麻酱。试想，在那贫穷艰难的日子里，如果能吃上一口香喷喷的麻酱，已是穷人口中最美味的一道菜了。

20 岁那年，陶华碧嫁人了，丈夫是一位地质普查员。婚后，陶华碧接连生下两个孩子，丈夫在外工作，陶华碧就在家带孩子。虽然算不上是衣食无忧的全职太太，但陶华碧对"下得厨房"还是心存感激的，感谢生命给她如此幸福的家庭生活。然而，好景不长，温馨又满足的小日子没过多久，陶华碧的丈夫却因病早逝了。

那一年，陶华碧 42 岁，丈夫没了，精神支柱没了，家里的顶梁柱也没了。为了维持生计，她开始南下打工。对于一个没有任何学历和背景的农村妇女，打工的艰辛可想而知，所有艰苦付出换回的"财富"养活一家老小十分勉强。没过多久，陶华碧决定回到贵阳卖米豆腐，每天走街串巷的，开始一分一分地攒钱、养家。后来，凭借着靠卖米豆腐攒下的"第一桶金"，陶华碧在贵阳的一条街边上开了一家凉粉和冷面的专卖店，取名"实惠餐厅"。

其实，在外人的眼里，这根本就算不上是什么"餐厅"，它就是一个用捡来的半头砖、油毡布和石棉瓦勉强搭起来的"路边摊"而已。由于价格低廉，分量十足，这个够实惠的路边摊很快有了属于它的一群忠实顾客———一大批中学生。如果遇到特别穷的学生来吃饭，陶华碧不仅不收钱，还会给学生的碗里多加分量。学生们都亲切地称陶华碧为"老干妈"。

渐渐地，"老干妈"就成为了陶华碧的名片。

实惠餐厅里的麻辣酱本是陶华碧自制的佐餐调料，但随着越来越多的回头客就"好这口"，这就成为了一些新顾客慕名而来的理由。很多消费者来了，不吃凉粉也不吃冷面，专门来买"老干妈"的辣酱。没有读过书，也没有过创业经验的陶华碧并不知道，这样的"不正常"是一个警示，她的"树"大了，开始招风了。

随着凉粉和冷面生意越做越差，辣酱的生意却越做越好，陶华碧不知道其中到底出了什么问题。一天中午，她到附近的十几家凉粉和冷面的餐厅、地摊去"取经"，发现这些地方的凉粉卖得非常好，而给这个"好"加分的却是自己自制的辣酱！

按照常人的理解，此时的陶华碧应该垂头顿足、大骂自己有眼无珠，没有识破那些不吃凉粉只买辣椒酱的"吃货"实际上是她凉粉的竞争群体。此刻的陶华碧应该绞尽脑汁去想一个完全的解决方案，把自己的凉粉顾客抢回来，然后再也不将自己的辣酱卖给竞争对手了。

但是陶华碧却没有这么想，自然也没有这么去做。这一现象反而给陶华碧敲开了一扇通往"创业"的大门——原来，辣酱才是一笔最值得做的买卖！

1994年11月，"实惠餐厅"摇身一变成为了"贵阳南明陶氏风味食品店"，原来主打品的凉粉、米豆腐和冷面没有了，"老干妈"的系列辣酱成为了主营产品。回头客越来越多，慕名而来的顾客也越来越多，自然，"老干妈"的名号也就在当地越来越响亮。

1996年，陶华碧招聘了40名员工，办起了食品加工厂，专门生产"老干妈"系列辣椒酱；一年之后，"贵阳'老干妈'风味食品有限责任公司"正式挂牌成立，开始了全国式大跨步的迈进。

有竞争的地方就会有各式各样的麻烦发生，以前摆地摊时，对手来抢货源；后来有了小门店，又有冒充城管的人捣乱；现在挂牌成立食品加工有限公司，又出现扰乱消费者视线的"冒牌货"，那些假冒"老干妈"辣酱的"冒牌货"泛滥时多达五六十种，甚至有一家竞争对手在陶华碧之前抢注了"老干妈"的商标。

面对同行对手的无良竞争，这个白手起家的单亲妈妈开始放出狠话："哪怕倾家荡产，也要打到底，你再有权有势，我们也要讲道理。"从此，陶华碧开始了在全国打假，她不停地诉讼。"我创出来的，就得是我的。我这个人，真金不怕火炼，我不怕。"陶华碧的维权之路并不顺利，但她却从未有过丝毫的放弃，她一无所有，只剩下骨子里的那份专注与死撑。终于，到了2003年，经过几年的奔波上诉，陶华碧得到了国家商标局的公正判决，成为"老干妈"商标的唯一法人。

"老干妈"辣酱市面上的售价多为8元钱，而且不管物价怎么涨，它都几乎没有多大的变化，但是在国外的超市里，"老干妈"的价格却是翻出了一倍、两倍，甚至更多。陶华碧曾直面公众的质疑，声称绝不能靠赚祖国人民的钱来致富。这份坦然和担当战胜了更多的质疑声，8元钱一瓶的"老干妈"辣酱，每天数百万的销量，2016年创造出170亿。70岁的陶华碧用百亿资产成了人间的传奇。

陶华碧成就了自我的同时，也造福了一方。她是贵州人，贵州又是中国最贫穷的省份，所以，造福贵州就是"老干妈"陶华碧的一大梦想。她是贵州农户心中的"活菩萨"，无论农户家里种的是辣椒还是大豆，只要是陶华碧的公司来收原料，总能给农户一个好价钱。随着公司规模的不断壮大，陶华碧还成为了政府的"好帮手"，帮助地方就业，实现税收，各种帮扶减压。

70岁的陶华碧早已两鬓斑白，但她的精神头仍然不减当年。对于生活，她总是满怀期待又不失努力和奋进。她是女人，也是成功的女性创业典范。但日渐衰老的陶华碧还是开始了"来生"的思考，她说："如果有来生，投生了之后，我要当将军，上战场，我就打仗去。"

人生，或许本没有"天生命苦"，所谓的幸与不幸，只在为与不为之间。不认命、不讲究、不服输、有拼劲的女人，往往会成为人生赢家！当"老干妈"在中国无人不知无人不晓的时候，很多风投也将眼光凑了过来。只是，我们那倔强的"女神"不仅不理会，甚至还杠上了。

在资本为王的竞争市场，"老干妈"不融资、不上市、不贷款的

"三不行为"显得有些特立独行了些。而且，陶华碧不促销、不推销、不打广告的"三不策略"一点也没影响到"老干妈"迅猛发展的势头。其实，随着"老干妈"的发展，十几年前就涉及贷款和融资的话题了，但是陶华碧始终坚持"不欠钱"的观点，且丝毫没有动摇过。

2001 年时，为了扩大规模，陶华碧打算再建一处厂房，但由于当时的全部资金都压在了原材料的供应环节上，苦于没有多余的资金再筹建厂房。这时，有人建议陶华碧向政府寻求帮助，贷点款救个急。当陶华碧到区委的办公楼，计划和区长聊聊的时候，恰巧赶上电梯有破损，还弄坏了陶华碧的衣服，所以改变了陶华碧向政府贷款的计划，对此，陶华碧说："你们看，政府也很困难，电梯都这么烂。我们不能向政府借钱，给国家添麻烦。不借了，我们回去。"只是陶华碧并不知道，所谓借钱，也不是向政府借，而是政府在中间做协调，由银行放款。

不管是阴差阳错，还是事与愿违，这件事之后，即便后来有很多借贷公司主动找上门，陶华碧也坚持"不欠钱"的原则。所以，不管发生什么样的资金困境，陶华碧从未向任何人伸过手。陶华碧曾对外界表示："我没有跟国家贷过款，贴息贷款我都不要。政府很早以前就提出要扶持，我不要，我有多大本事就做多大的事，踏踏实实做，不欠别人一分钱，这样才能持久。我不但不欠政府一分钱，也不欠员工一分钱，拖欠一分钱我都睡不着觉。和代理商、供货商之间也互不欠账，我不欠你的，你也别欠我的。"

其实，很多创业者对融资有需求是这个时代的特点，只是"老干妈"有些特立独行罢了。陶华碧不仅不贷款、不融资，而且坚持不上市。

就是这样一个普普通通的中国贫困山村被迫走出来的 70 岁老太太，在 170 亿的光环之下，还是需要儿子给他念读公司中各种有关文字的内容，而她，每一个决策也都得由儿子代笔完成。她的孤独、她的专注、她的那份死撑的坚持，让我们有理由相信，这个世界上是会有奇迹发生的。

— No.3 —

成功，就是踏踏实实把每件事做到极致

2014 年 12 月 9 日，一位知名艺人在自己的微博里更新了三个字"嗨，达令"。娱乐记者们开始纷纷猜测，该不会是又有新恋情了吧。跟帖、评论、转发、点赞的人数以十万计。

在其他人看来，这是一则吸引年轻人，特别是吸引"90 后"的娱乐新闻，但对于齐燕来说，这就是"宝贝"。因为三个字里面，有两个字与齐燕息息相关——齐燕，全球购物电商 APP 达令的创始人。这则消息正面爆发的是粉丝们高涨的热情，背后预示着一个"长着腿的创意"。齐燕发现，微博粉丝的强大是难以预估的，就像"送上门的机会"一样，成为了齐燕的"猎物"。

齐燕只用了三天的时间，就成功地虏获了这个"小鲜肉"为达令的股东。

"对我们做时尚品牌的人来说，移情是品牌经营的最后一步，要经过好多年的积淀，而粉丝们的移情几乎是一夜之间发生的。"齐燕说。

善于发现机遇并成功将机遇努力"加工"为成功的齐燕毕业于武汉大学中文系，有过伊夫圣罗兰中国区代表、杜邦莱卡中国销售推广的工作名片，在中欧国际商学院念工商管理硕士时，有了做全球电商购物 APP 的打算，但当时还只是停留在"想一想"的阶段。直到 IDG 资本创始合伙人、IDG 全球常务副总裁兼亚太区董事长熊晓鸽找到齐燕，请她做一个跟移动时尚电商相关的市场调研时，齐燕的 APP 创业梦想才算逐渐步入正轨。2014 年，达令 APP 就在国内时尚生活门户 Yoka.com 的旗下开始了孵化；2014 年 3 月，齐燕获得 IDG 的数百万天使投资；2014 年 6 月，达令 APP 上线后再获红杉的数百万美元投资；到 2014 年年底再获今日资本领投、红衫资本和 IDG 跟投的数千万美元 B 轮融资。

如果将女人划分为两类的话，那么像贾玲分的"女神"和"女汉子"还是很贴合实际的。齐燕对自己的评价就是"女神范儿的女汉子"。齐燕的生日是狮子座的最后一天，也就是说，再使使劲就是处女座了。所以，齐燕认为自己是那种员工不喜欢的老板类型，但是她要创业，没有人才的支撑不行，只能尽量去做一位好老板。齐燕有典型的狮子座"野心大"的特点，也有处女座"做事心细，有时还会较真儿"的特性。这些特征放在达令的身上，就凸显为"电商需要拼杀，时尚需要精致"的真谛。

在创办达令之前，齐燕一直没有离开过销售的群体，有时，她在开玩笑的时候会称自己是一个"卖货的"。"卖货这件事已经有两千年的历史了，本质都是买低卖高，创新基本都是来自于模式上的创新、渠道上的创新，或者是来自于消费者心态的变化。"齐燕坦言。

齐燕曾经用 6 年的时间将杜邦莱卡从一个工业品牌打造成为一个时尚品牌；网上购物时代，齐燕又和几个志同道合的小伙伴儿在淘宝上对几个小品牌牛刀小试，电商和时尚的符号，也就开始潜移默化地在齐燕的"三观"中萌芽了。即使现在达令如火如荼地高速发展中，齐燕和小伙伴儿当初在淘宝上做的几个小品牌也依旧存在着，经历过电商领域的激烈争夺，也经历过时代变迁的岁月洗礼。

齐燕做事特别踏实，她不会轻易地选择和放弃，这与时下很多度过创业期的企业家们相比，显得更成熟和稳重。

2014 年达令 APP 正式上线后的首批卖品定位为"创意礼物"，达令 APP 的第一个名字也是"达令礼物店"。"我们从创意生活类开始试，试下来就觉得这是移动属性，就是用户想逛逛那些很养眼很实用的，但是又搜不到的东西"，齐燕表示。但是没过多久，达令于 2015 年的春节左右开始在原有的基础上，给达令的"创意礼物"增加了小伙伴——"美护"和"零食"等热卖品类。于是，"达令礼物店"也就更名为"达令全球一手好货"。对此，齐燕曾解释说："名字的调整只是达令在品类扩张上的一个改变，但是初衷不变，让消费者在最短的时间找到最值得买的好东西，这是我们一直坚持的。"

在齐燕的眼里，中国的电商正伴随着消费的升级发生着至少三个时代的变化，即以淘宝为代表的大而全时代、以京东为代表的标品正品时代、以 APP 们为代表的移动逛时代。不论是马云还是刘强东，他们若想在移动电商中有所突破，只有走品类杀手和精选两条路线。"移动做不了大而全，如果自己不拆，别人就会过来拆"。齐燕的话句句带刺，也句句在理。

随着移动互联技术及金融支付技术的成熟，电商业步入移动时代已经成为不争的事实，而齐燕，更愿意将这个时代定义为"移动逛时代"。移动让消费者购物的时间、地点和空间都发生了变化。

信息和商品的更新讲究的是一个"勤"字，专注移动也是一件极为困难的事业，但是齐燕却痛并快乐着，所谓成功，就是踏踏实实地做好每一件事。

当有人不留情面地问齐燕，马云和刘强东都在拼移动，你齐燕拿什么和大鳄、巨头相拼时？齐燕信心满满地表示：淘宝和京东的巨头地位是无以撼动的，但他们在时代的面前，并不是永远的"长生不老"，或者说，他们已经开始步入"老龄化"阶段了。移动电商时代的玩法再也不能像以前大屏时代那样去拼了。天时、地利、人和，都在发生斗转星移的变换，消费者的行为和习惯也在发生改变。尽管巨头们看得见变化，但是，想要全盘否定过去的成功模式、彻底迭代为当下的创新基因，谈何容易？"专注移动是一件很困难的事，也需要时间的磨炼"。齐燕认为，这正是达令等新兴电商平台的机会。

与其他 APP 海量的广告植入不同，用户和粉丝们几乎看不到达令的任何砸钱类广告，相比之下，齐燕更注重社交网络和新媒体的传播能力。"我们最早上线的时候，苹果就关注到我们。苹果给了我们两次最佳应用推荐。这带给了我们第一波的市场用户。"齐燕在谈到达令最初的种子用户均来自苹果的推荐时，脸上洋溢出的自信，其中不乏鼓励和激动。

当然，达令不是"花瓶"摆设，它是服务于消费者、取悦于消费者的存在。"让用户在手机上面，用最短的时间找到最值得买的好东西，而且整个购物环节必须是愉悦的，这一点我们必须坚持。"在齐燕的坚持之下，达令一直致力于让惊喜和愉悦贯穿消费者的整个购物环节。

"成功就是踏踏实实把每件事情做到极致"，这是齐燕经常激励自己的一句话，在她看来，创业就是她命中注定的事，可是，创业的艰辛，总是想得到，但遇到了还是会很难熬。因为创业只有在真正做起来之后才会发现，"创业所要吃的苦要远远比你能够做好的心理预期还要多很多"。"如果你有这个能力甘之如饴的话，对你的生命成长将有巨大的提升。中国人习惯用结果导向，很多时候会用公司上市、个人财富增值来定义成功。那是一种成功，但是在创业过程中，我界定成功是我认认真真、踏踏实实把每件事情做到极致，成功就会来。这前后两个成功是不一样的。如果你太追逐于结果导向的成功，在中间很容易浮躁，很容易走偏路，很容易漂移，这样反而会出问题。"齐燕说，"如果大家能够把自己的视觉拔高一点，能够从丰盈整个人生的角度去看待创业这件事，你就能控制好心态，克服那种焦灼感。"

齐燕的话，或许是对后来的创业者们最好的铺垫和鼓励，毕竟，踏实和坚持的结果，总不会是令人失望的。2016 年 8 月 22 日，达令获得红杉资本中国基金、IDG 资本、今日资本的 3 亿元人民币的 C 轮融资；2016 年 12 月 16 日，获得光际资本 5 亿元的 D 轮融资。相信这些真实的数字就是大家对达令最好的认可和支持。

乔布斯有一句名言说的是：这辈子没法做太多事情，所以每一件都要做到精彩绝伦。所以，在苹果公司里，几乎每个大项目在开战之前都要经历很多次推倒重来的回忆，其"始作俑者"自然是吹毛求疵的乔布斯了。因为在乔布斯的思想中，每一个项目是工程学、是科学，也是艺术，所以才会有很多人对乔布斯评价：一个追求"残忍的完美"的怪胎。

商界传奇、"全球第一 CEO"、通用电气的当家人杰克 · 韦尔奇也曾说过："要去摘星星，而不是沉迷于'令人厌烦的'小数点"。无论是就业还是创业，我们始终都应该把事情做得漂漂亮亮，用行动赢得别人的尊重，之后，再去想和做其他的事情。

创业的人，没有一个人不想成为优秀的企业家，无论是男性企业家还是女性企业家，优秀者与普通企业家最大的区别就在于：优秀的企业家，无论做什么事业都力求做到尽善尽美，即使成功就在眼前也不会有丝毫的放松。一件事、一个项目，哪怕是一个不疼不痒的决定，如果觉得有"不满意"的空间，也会毫不犹豫地推倒自己，一遍一遍地重新来过。

一个创业者，想要实现成功的方法只有一个，那就是在做任何事情的时候，都要抱着一颗不达胜利目的誓不罢休的决心。创业，要么做到最好，要么不做。

— No.4 —

神话是拿来打破的

有人说，不可能实现的事情如果实现了，那就是神话！

一个神话的存在，总是有着无限多的因素作为支撑，多数人只看到外表的光鲜，所以，他们所能做的就只是听天由命，凡事追求个无怨无悔而已；极少数的人，肯思考、努力，不断激发自我无限的潜力，很多连想都不敢想的事情，就像神话一样，神奇地被打破；更有甚者，不仅可以打破神话，而且还能创造神话，然后再去攻破它。他们会说：神话是用来被打破的。

这是一个民间神话。

一个普通的小城女人，一位普通的母亲，为了给女儿攒学费而踏上了创业之路。她没有本钱，也没有本事，但是却以一己之力，一步一步实现了女儿的求学梦，也成为一方经济的贡献者。或许，她的成功在更高一层的创业者看来还是微不足道的，但，谁又能说神话是高高在上、遥不可及的呢？每个人的梦想不同，每个层面的神话也就不同，但能够打破神话活出精彩人生的创业者，我们必须为其点赞。

她叫刘湃，是吉林省桦甸人，1985年以优异的成绩考入桦甸市司法局公证处，成为了一名公证员。1989年，随着女儿的出生，年轻的新进妈妈刘湃开始为儿女的学习和生活"下功夫"了，她总想给孩子最好的一切。于是，在女儿上小学的那一年，刘湃想到了创业，因为她现在的所有财富积累并不能满足给女儿良好的学习生活的支出。

在刘湃计划创业的时候，她的一位经营饭店的朋友找到她，请她帮忙联系饭店出兑的事宜，反正自己也要创业的，而且还没有什么确定性的思路，那不如就将朋友的饭店自己兑下来经营好了。于是，这个小饭店就成为了刘湃的第一次创业。苦苦经营了一年的时间，饭店不但没有挣到钱，甚至还不如自己在公证岗位上的工资多，饭店的生意一直很红火，可是为什么就赚不到钱呢？刘湃开始很认真地分析和总结，最后她发现，问题就出在"出纳和采购是一个人"这件事上。一年下来，虽然没有赚到钱，但刘湃却赚到了实打实的经验，这可能比金钱更有价值，因为刘湃的这个第一次创业，还只是一个开始，还有更大的愿望和目标等待她去实现。

小饭店经营失利之后，刘湃认为，自己在经营上是没有任何问题的，看着红红火火的客源就知道，积累财富并非是无法企及的神话，只要关键的岗位上选对人、用对人，再加上一套行之有效的科学管理制度，凡事按规章说话，第一次的问题就不会再出现了。想到了这里，刘湃计划开一家更大的饭店。

目标大了，努力和付出就会翻番儿，可是，刘湃没有足够的资金来做前期的投入，但这个创业愿望，她又不舍得放弃。最后，她从朋友那里借了 20 万元，又向银行贷款 30 万元，刘湃在家乡桦甸市开了最豪华的"龙兴大酒店"。有了第一次的经验和教训，刘湃参与到二次创业的每一个经营环节：每天起早赶着去买第一波新鲜又相对便宜的菜；记账每一笔收入和支出，并总结赢利或亏损的各种内因、外因；一切以消费者的消费指数为出发点，满足消费者所期望的服务等。由于经营上下了很大的功夫，不到一年的时间，刘湃就将最初的投资成本赚回来了。两年后，她再一次给龙兴大酒店"下注"，租下金城康乐中心，联合龙兴大酒店打造成一家集餐饮、洗浴、住宿于一体的"龙兴宾馆"。

每一个愿望的实现日，都是下一个更大愿望的努力起点。从当初为女儿筹集学费的愿望开始，到龙行宾馆的成功运营，刘湃发觉，人的创业之心还真是个"无底洞"，因为，她又想扩展自己的创业领域了。

2002 年，刘湃在桦甸投资兴建了占地万余平的大型超市；随后成立了龙兴生态农业开发有限公司，通过"企业＋基地＋农户"的现代农业产业发展模式，与当地农民携手为吉林省经济发展添砖加瓦；2006 年，刘湃投资并组建了桦甸市龙翔橡果开发有限责任公司，以生产橡子淀粉、橡子渣等出口韩国、日本、美国国家的产品，填补了吉林省没有出口产业的历史空白；2007 年，刘湃开始试水房地产业，成立了桦甸龙兴房地产投资开发公司……创业 27 年以来，刘湃，一个普普通通的东北小女子，创造了商海中一个又一个传奇。"如果不学习，思想就会滞后。我没有什么秘诀，就是读书学习，每天至少花两个小时读书。"这就是刘湃的成功秘诀。她说，"我现在创业的动力不是为女儿，也不是为自己，仅龙兴宾馆的收入就够我花的了，我要创造更多的价值回报社会。"

2014 年 4 月 18 日，在北京举行的"2014 中国十大品牌女性颁奖礼"上，刘湃应邀出席并获奖。"步步高升，创业榜样"，这是组委会对刘湃的评价。颁奖词这样写道：她放弃公证员安逸稳定的工作，从一家小饭店起步，将企业发展为今天的龙兴集团，涵盖 16 家子公司，创造出商海中的一个又一个奇迹。她的创业经历体现了中国女性勤奋、进取、坚韧、务实的传统美德，她的事例对带动全民创业，特别是女性创业具有积极的意义和典型性。

每一位女性，都有她最为独到亮丽的一面。有人温婉柔美，是家庭幸福、社会和谐的重要标志；有人智慧卓群、有勇气敢担当，是社会经济增长的有力证明；有人魅力十足、胆识过人，是身边所有积极能量的传承和缔造者，是积极的符号，亦是努力的诠释。

2014 年 4 月 17 日—4 月 19 日在北京召开的"第七届品牌中国女性高峰论坛"上，刘湃作为特邀嘉宾，她还以"诗意·感性·温情"为主题做了主题演讲，她坚韧、果敢、勤奋的创业故事感动了在场的每一个人。

我认为女性特有的品德是走向成功的核心竞争力，所以我用几个切身经历的小故事与大家一起分享女性的情怀和对世界温暖的关注。

第一个关键词是诗意。有人说女性情怀总是诗，女性的决策充满诗画梦想和情怀。我热爱生命，既然选择了远方，就只能风雨兼程。不会想身后会不会有寒风冷雨，留给世界的只能是背影。

1997年我下海开饭店时，心中充满了这样的诗情，1998年我决定开高档大饭店时需要50万元，这对我来说是天文数字。无论怎么计算都是一场豪赌，我就是凭借选择远方的诗意之称，借20万，贷款30万，开了一流大酒店——龙兴大酒店。盈利后又继续投入扩大规模，做成集餐饮、洗浴、住宿于一体的宾馆。18年后的今天，龙兴企业已经成为拥有2个集团公司，66个子公司的多元化企业集团，经营范围从餐饮服务业扩大到商品零售业、绿色生态农业和房地产业和特色饮料加工和文化产业和金融等多个领域，诗意和激情是我的企业不断壮大的动力。

第二个关键词是感性。男人更擅长理性思维，女人更注重知觉和感性思维。正是这种女性特有的情感判断，为商界注入一缕不被金钱污染的新鲜空气。

2002年在事业兴旺急需资金的时候，我依然做出了承包荒山绿化家乡的决定。这个决定一出来之后立即感受到来自亲朋好友的压力和劝阻。有人说你把资金都投入到扩大再生产方面，企业会有更大的发展。把资金投入造林中收入非常慢，没有砍伐指标，你想白白为国家造林。他们分析得很理性，我也承认我的决定有冲动和感性的成分，所有人不支持我，我就只能依靠自己，说服村委会和学校组织了100多人一天植树1万多棵。12年后我先后注入2000万元，绿化荒山总面积2000亩，植树400万余棵，推动了造林绿化的开展。

第三个关键词是温情。女人的温柔和关怀不仅可以惊艳一段时光，也能温暖一方世界。我开展多家连锁店，建立新型农村物流体系，下乡送货过程当中一个意外发现引起了我母性的勃发，我看到农村的孩子特别是留守儿童正处于花季的年龄，为了赚学费，他们去刨药材挣钱。我想为他们做点事，企业要承担社会责任，这个责任不是简单的捐款，最好把解决"三农问题"和企业经营发展结合起来，形成一套长远的，可持续的运营机制。让孩子们得到更加稳定、长久的回报。让农民离土不离乡，打工致富，解决留守儿童的问题。

诗意、感性和温情，正是这些女性的品牌化人格，让世界少了一份功利色彩，多了一抹生命的本色。正是中国女性几千年来坚韧的品质，成为中华民族生生不息的源泉。

——刘湃在"第七届品牌中国女性高峰论坛"上所做"诗意·感性·温情"的主题演讲

如果说刘湃创造的神话是一步一步努力实现的，那么有这样一位年轻的女孩，她的创业神话来自于精湛的思维和大胆的构想及无所不能的尝试。

其实，神话本身就充满着不可思议。

她叫郭星，是一个典型的"90后"四川小辣妹，她是时下互联网时代的消费者，亦是创业者。她的故事，要从大学毕业后的第一份兼职说起。

2012年，警官学校毕业的郭星未能如愿当上一名警花，她来到成都，寻找年轻时的梦想。成都虽不及北上广深大都市的压力大，但生活节奏也不慢，刚刚走出校园的郭星一时之间没有找到合适的工作，于是就找了一份发传单的兼职。她当然不知道，机遇就在这个时候离她越来越近了。

郭星每天的工作内容就是站在马路边上给路人发放宣传单，这个工作单调又乏味，无聊之际，郭星就不由自主地观察周围，她发现，其他的发传单人员为了尽早结束一天的定量工作，都会给同一名路人多张或一沓传单，然后路人的举动也是很协调配合，给多少传单就拿多少，回头再丢进垃圾桶内。这是传单发行行业再普通不过的一个现象，几乎所有发过传单的人都清楚，但从中总结反而发现机遇的却只有这个22岁的四川小辣妹。

郭星在想，同一张广告宣传单，如何才能被更多的目标群体看到，从而增加广告的到达率呢？而且，电子商务时代的直接邮寄广告业务已经越来越黯然失色了，但这一行之有效、直达目标人群又更为廉价的广告宣传模式，却是无法被替代的经典。

就在郭星集中所有智慧思考DM单的"转型升级"时，她看到自己每天发传单地方的流动人群中，经常会穿梭一些拿着大量快递货物，盯着快递送货单上的名单，挨家挨户去送快递的快递小哥。

郭星灵机一动，于是"金点子"新鲜出炉。郭星想，如果将商家的广告植入到快递员手里的送货单上，那么一条广告至少有两个人看到，一个是送货的快递员，另一个是收快递的取件人。而且，这个单据的重要性是显而易见的，这也就意味着，植入上面的广告一定会被至少两个人看到，且不会走上"被丢进垃圾桶"那样的不归之路。

什么是神话？神话就是你想到了别人想不到或者不敢想的事情，并付出了绝对的努力和实际意义的行动，最终获得成功，神话即可诞生。

郭星的"金点子"一出现，她就迫不及待地与同在成都工作的同学们联系，告诉小伙伴这个大胆的创意："反正现在的好工作都比较难找，不如以此想法作为创业点子，再相互召集几个女同学，大家一起尝试创业，怎么样？"听到郭星的一番畅想，几个同龄的小姐妹一拍即合，她们立马行动起来。

没过几天，一支十几人组建的"快递单广告"创业团队就组建好了，郭星和同龄的、毕业于四川大学计算机专业的胡雪梅是团队的创始人和领头者。十几人的小团队被分成两部分，一部分的工作职责是联系物流公司和快递公司，如果对方同意在快递单上给他们一定版面的广告位，他们将为物流和快递公司免费提供所有的物流送货和快递收件的各类单据；另外一组的职责是寻找愿意在快递单上做广告的商家客户。一条崭新的广告传播路线，就这样被几个"90后"小姑娘勾勒出来了。

然而，万事开头难，最初创业的时候，是郭星和小伙伴们人生所遭遇到的最艰难的时期，尽管她们激情饱满，但社会经验几乎为零，团队运作了好多天，别说签订单合作了，就连有意向合作的物流、快递和商家客户都没有。

直到 2012 年 7 月，郭星的团队才拥有了首位合作商家——一个在网络上销售零食的小店。对方在郭星长达几个星期的"围堵"之后才勉强同意支付 8000 元购买快递单上的两个广告位。这时，与郭星合作的物流和快递公司也有几家了。虽然他们同意合作的初衷是免去相当数额的快递单成本费（据一些物流和快递公司统计，如果按照每个快递单 3 毛钱的成本计算，一个快递点每天 2000+ 份同城快递业务，如果都不用自己掏腰包的话，就等于每个月节约了 20000 元的成本，而这还只是一个快递点的同城快递业务，要是算上全国的快递业务量，每个月将有 20 万＋的"利润"结余）。即便如此，喜获第一笔订单的小团队们依然深受鼓舞，其他小伙伴们也都满怀信心地更加努力地成单、创收。此后不久，郭星就成立了国内首家"快递单广告"业务公司。创业两个月后，公司营业额实现百万元突破。

2012 年 7 月郭星的公司刚刚成立，这个大胆又充满活力的团队就受到一位投资者的青睐。这位投资者甚至主动登门拜访，并以 1000 万元的注资成为了该公司合伙人之一。

公司创始人兼首席执行官（CEO）郭星曾对媒体表示："虽然我们都是'90 后'和刚毕业不久的大学生，社会经验欠缺，但可塑性很强，我们公司已聘请专业人士对团队进行营销知识和公司管理等方面的培训。"是的，机遇无处不在。一张快递单，点亮了一位"90后"女孩非凡的创业梦，且以"快递单广告"为创业切入点，最终成就了她的创业之路。无论是创业时间、业务增长、营业额度还是品牌价值，郭星的物流快递广告公司都创造了令人震惊的神话。

Chapter 5

情商优势——
天生的平衡大师

平衡木上的竞技，要懂得身体与心灵的"搭档"；
自行车的行驶，要学会身体两侧整体的"拮抗"；
创业的始末，需要经营者贯穿全局的平衡。很多人
都说女性创业者比男性创业者更感性化，如果单单
从情商上分析，仿佛女性更占优势，她们总能平衡
好任何问题的提问方和解题方，化干戈为玉帛，化
矛盾为祥和。

— No.1 —

原则与柔软度

　　"褪去'二代'光环，她为自己贴上'刘畅'的标签。独自掌舵一年，她带领公司从饲料大王时代向综合服务商转型。消费升级下，她敢迎风口，深耕终端消费者，强化打通从'基地'到'终端'的产业链。2016年，她个人蜕变与企业转型同步发生，没有无所适从，只有恰逢其时。"这是"2016十大经济年度人物提名奖"中组委会给刘畅的颁奖词。

　　刘畅，中国前首富、新希望六和创始人刘永好之女，中国最受关注的"创二代"之一。16岁赴美留学，2002年获工商管理硕士（MBA）学位回国，2006年成为中国最年轻女富豪，2013年正式从父亲手中接过帅印，26岁荣登胡润女富豪榜并成为当时中国最年轻的女富豪，35岁入围《福布斯》2015中国商界女性100强，2017年伊始即获得"2016十大经济年度人物提名奖"。她就是刘畅，堪称大写的"人生赢家"！

　　与其他"二代"们不同的是，刘畅更理性、更善于平衡资源。

在选择是否接班的时候，她也曾纠结彷徨过，但在权衡了家庭和事业两大人生之重后，果断选择了站在家庭的一端，女承父业。她所彰显出的原则性与柔韧度，无一不是众多"二代"们的典范。

大概十年前，父亲和刘畅商量过想要她接管新希望六和的事宜，那时候的刘畅还在国外。对于父亲的建议，她十分认真地思考。原本就是一个十分有原则的女孩，新希望六和是父亲的全部，但新希望六和的全部并非只有父亲一人。刘畅的选择有很多，但她最终还是回到了父亲的新希望六和。刘畅在这件事上的思考主要有两方面，一是情感；二是现实。

刘畅出生于1980年，父亲创建新希望六和是在1982年，可以说，刘畅与新希望六和的年龄相当，也可以说，她们有着一起成长的情感在里面。

在刘畅小的时候，父亲刚刚创业，无论家里还是单位，刘畅已经习惯了父亲一张嘴就是工作的事。当时他们只有一间房，小刘畅的记忆中，父母时常一边泡脚一边讨论企业的发展，很多创意也都是一家人围坐在一起"聊天"的时候诞生的。

那时候，父母很忙，刘畅和父母最多的交流也都是有关于新希望六和的"大讨论"，刘畅想要和父亲见个面是十分困难的，作为新希望六和的创始人，刘永好几乎没有属于自己的时间。刘畅的妈妈放弃了自己的事业，从"厅堂"回归于"厨房"，为的就是全身心地支持新希望六和。

从16岁那年远赴美国求学，到2002年获得MBA学位后归国，后就读于北京大学国家发展研究院并获得 EMBA 学位。这些年来，刘畅和父母都是分开的，没有了小时候一家人说不完的话题。她是一个重情义的孩子，不想因为工作或是其他的事情而疏远了亲人，可是如果不参与父亲的事业，她和家人自然也就有所疏离了。对此，刘畅的母亲非常中立地和她分析，让她换一个角度衡量这件事。比如，可以将公司当成家，跟父亲工作的时间实际上就是父女二人共处的美好时光。"我觉得妈妈是一个有智慧的人。对于家人来讲，最核心的就是陪伴。这正是情感上我说服自己的角度。"刘畅暖心地回忆着。

现实点说，尽管刘畅的创业选择很多，但无论哪一个选择都是从零开始的，流程烦琐，内容纷杂，既消耗时间又浪费精力，到头来，很有可能费了很多力气却换不回一个"肯定"。

如果与父亲的产业并肩而战，那性质就有很大的不同了。接触外界的层面和资源的可利用程度都是质和量的飞跃。如果刘畅"一无所有"，即没有学历、没有阅历、没有经历，那她是一定不敢接过父亲的接力棒的，但现在的刘畅有世界名校的学习经历，有全国优秀企业家们传授的经营理念，有学界泰斗赋予的经商秘籍，有时代和家族赋予的承接使命。"当你的积累越来越多，变得越来越自信的时候，原来的压力会变成背后的动力来支持你。我愿意为这个事业付出激情。"

2013 年，刘永好从新希望六和退居二线，为了让女儿能够尽快适应董事长的工作，他特别请来著名企业文化与战略专家陈春花担任联席董事长兼首席执行官。自此，新希望六和开启了为期 3 年的"双董事长制"。在这期间，新希望六和完成了对本香农业、嘉和一品等多起收购，实现 3 年业绩连续增长，刘畅还收获了一对龙凤胎。2016 年 5 月，陈春花告别董事会，刘畅开始独挑大梁。

刘畅很年轻，看上去像二十几岁刚刚走出校园的毕业生，但她所创造出的成绩却又如此显著，让人们不禁感叹：这个世界上最可怕的事，不是你的对手比你强大，而是比你强大的对手却比你还要加倍努力。刘畅，就是这样一位令同行钦佩、令对手胆战的女子。

有人说，25—35 岁是创业最容易成功的时期。谷歌首席执行官拉里·佩奇、谷歌联合创始人之一塞吉·布林、苹果公司联合创始人史蒂夫·乔布斯、苹果公司联合创始人斯蒂夫·盖瑞·沃兹尼亚克、微软创始人比尔·盖茨、微软联合创始人保罗·加德纳·阿伦……他们都是在三十岁之前就成功地走上了创业的道路，而且一发不可收拾，成功到"没有朋友"。

所以，企业家们教育子女和传授成功经验时，都会说上一句"创业有风险，成功要趁早"。对于年轻人来说，他们胆大，有勇气，敢与时代毫无鸿沟地并肩而行，从来不会担心将要失去什么。因为就算失去了，只要比之前再加一把劲，就一定会重新拥有更为强大的筹码。年轻的创业者更富有激情和热忱，可以几个通宵不合眼去筹谋新的策划方案，可以连续一个月只吃泡面，可以一个星期不洗脸，可以每天只睡三个小时。没有家庭的牵绊，也没有各种贷款的压力，也没有种种奢华的诉求。

相比而言，年长一些的成熟创业者，他们经验丰富，又见多识广，即便再低调也会不由自主地站在了相互攀比的队列。他们要创办一家公司，要考虑很多问题，要照顾父母、妻儿，又不能潇洒地屏蔽掉世俗的眼光和现实的种种状况，故而，相对于年轻的创业者就显得有些力不从心和与时代脱节了。

年轻的创业者可以毫无保留地全身心地投入到创业当中，他们可能一无所有，所以能孤注一掷地全力以赴。正因为不担心会失去什么，年轻的创业者们能够以一种全然不同的颠覆性思维去出牌，让成熟的巨头们无懈可击、摸不清套路。从自己的内在优势毫不畏惧地出发，唯一需要思考的就是如何用最有效的方法解决最具体的问题，如此付出，往往会收到更好的效果。

比尔·盖茨曾经说过一句话："我在20多岁时，一天假都没请过。一天都没有。"所以，我们有理由相信，你有多努力，就会有多优秀。如果说，实践是检验真理的唯一标准，我们也可以说，时间是万物之宠，是绝对的好东西。年轻的创业者不会吝啬任何用于工作上的时间。他们总是能给自己找到无数个加班加点打拼的理由，他们总能迸发出新鲜的观点和开创性的论断，他们总能找出任何的理由去打破"原本就是那样的"惯性思维，从而让问题有最简单的解决方案。

可见，时间是一个好东西，可以积累财富和经验，由于年轻人工作时间不长，在创业过程中通常都有许多新鲜的观点和看法，所以，"菜鸟"们的解决方案总是那么新鲜总是那么有创意，而且还十分具有开创性，这一点我们可以从大的董事会会议或者公司例会中发现，他们会打破我们那种"本来就是那样的"惯性思维，从而转变成他们的思维模式，问题也往往就此得到解决。

年轻，就是最宝贵的财富。

14岁时，刘畅有一个远大的梦想，就是做一个社交名媛。于是，放学后、休息日、寒暑假，你总能看到她在英语角练习英语的身影。"虽然我跟别人的家庭环境非常不一样，而事实上，我自己有过很多不一样的选择、不一样的心态。我很小的时候就想，千万不要跟父母要钱，就想要赚钱证明自己，所以我在初中的时候去做雅芳小姐，卖化妆品，晚上宿舍一熄灯，就会看我打着手电筒把别人的宿舍门推开，给她们讲，这个口红怎么样，这个眉笔怎么样。"

机会，往往都是折腾折腾就出现了。

16岁时，刘畅被父亲送到美国读高中，或许是叛逆期的孩子都有另一根与众不同的神经，刘畅的头发时而黄色，时而白色，总想给自己的不同心情找一个脱胎换骨的出口。"在国外那一段去接受自己，倾听自己内心声音的时期，对我来说，是收获最大的。我不停地折腾，包括自己做了很多所谓不同领域的创业项目，那时候还没有互联网。"

失败，是最好的成功。

美国留学结束后，刘畅考进北京外交学院，成为外事文秘专业的一个标品"名媛"。毕业之后，刘畅先是隐姓埋名地在父亲朋友的广告公司任职，之后以"李天媚"的名号走进新希望集团旗下的新希望乳业控股有限公司任办公室主任。2002 年起，新希望乳业开始了大规模的收购战略，不到两年的时间就收购了 11 家企业，与之同样大手笔的还有铺天盖地的广告效应。然而，急于证明自己能力的"李天媚"却忽略了收购的多家企业整合、重组的问题，导致渠道没有打开，投入的资金也都全打了水漂儿。

最大的敌人，其实就是曾经失败过的自己。

2004 年，刘畅离开新希望乳业，跟朋友在成都春熙路开了一家小店经营小饰品，跑遍广州、义乌地扫货，直到去北大读高级管理人员工商管理硕士学位，刘畅的这个小店还一直经营得有声有色的。或许会有创业者质疑，刘畅有个"前首富老爹"，即使失败，也有足够的底气从头再来，但是，存在这样想法的人是否考虑过，曾经失败过的自己，又是谁能够扶起来的？恐怕只有坚强的自己了。

再后来，刘畅接过父亲的接力棒的事，大家都清楚了。刘畅曾经在一次演讲中提到："我们从种苗到饲料到屠宰加工，整个产业链太长了。前三年陈春花老师跟我们一起做，分成两端，前面是农牧端，跟农民养殖户打交道，把肉的质量做得越来越好；后面是食品端，我们创造了美食研发中心，你们吃真功夫，吃的所有中餐、西餐，其实我们都有参与。"

压力，从来都是成功的动力之一。

作为一名真正独当一面的大型上市公司董事长，刘畅也有自己的压力。"我有一名成功的父亲，这对我来讲，是一种压力"。刘畅说，自己是"80 后"，与上一代企业家相比想法可能有所不同，她说：

"他们很多都富有牺牲精神，而我自己却认为不能牺牲家庭，如何在保证不牺牲家庭的情况下还要将工作做出色，这是我感觉有压力的地方。"

— No.2 —

比包容更柔韧

企业家要有宽阔的胸襟，包容过去并不完美的自己，包容创业的路上曾经"帮忙"铺设荆棘的"伙伴"；企业家更要有跃跃欲试的勇气和破釜沉舟的坚决，世界很大，竞争很残酷，如果只停留在眼前的"安逸"，守着荣耀过活，那么，终将有一天会被无情的"洗牌"而淘汰。所以，企业家，抑或是正在创业路上的奋斗者们，一定要有一个不安分的企图心，只有"有所图"才能"有所为"，也才能在跌倒后坚强应对，迅速起身，华美蝶变。

在2016年史玉柱重回巨人网络之前，有一个叫作刘伟的女企业家，连续25年历经巨人三次创业，于2013—2016年担任巨人网络女掌门人。25年来，刘伟总结自己的经历就是"痛并快乐着"。

1989年，巨人首次创业，当时在深圳做中文文字处理软件——巨人汉卡，可以说，一经面世即取得成功，后期又涉猎手写识别软件。随着巨人的发展壮大，所面临的知识产权保护等方面出现了困难，巨人开始多元化发展，从1994年开始进入保健品、医药、房地产等领域。这期间，刘伟于1992年成为巨人一员，当时的巨人还是一个小型创业公司。

巨人第二次创业是在 1997 年年底，这次创业的主业为保健品，即百姓们耳熟能详的"今年过年不收礼，收礼只收脑白金"。如果没有仔细研究过脑白金的背后力量，很难会有人相信，于脑白金在各类媒体角逐广告效应的"黄金搭档"竟然是脑白金的"师弟"。是的，黄金搭档是巨人集团继脑白金之后的又一力作。尽管二十年后的今天，脑白金和黄金搭档的"名声"没有之前那么响亮了，但至今，怕是也没有哪一类的保健品能够敌得过二者当年的叱咤风云。

巨人第三次创业是2004年年底，以抢夺网络游戏领域为主战场，最初的主品是《征途》，一个让小到十几岁，大到 60 多岁的男男女女"爱不释手"。2007 年巨人在纽约证券交易所上市，只用了三年的筹备时间就成为当时在纽约证券交易所上发展规模最大的一家中国上市企业。

2001 年，刘伟开始全面负责保健品公司业务和管理，六年后再调网游公司，直到 2013 年成为巨人的当家人，再到 2016 年还"CEO"给史玉柱，刘伟参与了巨人三次创业历程，也经历了很多难以想象的困难、挑战。这其中有辛酸，亦有成长和收获。刘伟说，这是一个痛并快乐的过程。

刘伟不是巨人的创始人，也不是元老，她今天所取得的成绩都是一步一个台阶走上来的。所以，她理解企业决策者的所有精疲力尽，也对白手起家创业者的艰辛感同身受。特别是对于女性创业者，刘伟认为她们如果集中发挥内在的四大优势，属于她们的成功就不会被时代的浪潮所淹没。

刘伟认为，女性企业家和创业者有四大内在特质和核心优势，即勇气、包容、韧性与平衡。

刘伟所指的"勇气"不是战场上的"骁勇善战"，也不是带有血气方刚色彩的女汉子特质，而是在任何困难的面前始终从容、坚持、果敢的精神。

"其实我们每位女性都是很有勇气的，因为我们都要经历这样一个过程，我们要孕育一个生命，要经历很多痛苦，然后把他生出来，哺育他，用自己的一生为他负责，这件事本身就需要很大的勇气。很多男生知道自己女朋友怀孕以后都害怕负责任。我们所有的女生都有勇气，但是遗憾的是并不是每个女性都有机会把这个勇气用到创业这件事上来。一个没有勇气的人没办法坚持下来，因为他没法长时间多次地经受这样的折腾，如果内心不坚定的话，那就是不可能的，特别是作为一个女性。"

还记得脑白金的最初创业期，它作为一款保健品，在那个还没有将大健康视为生命成本的年代，除了要开发崭新的市场外，刘伟和她的团队还要处理来自于政府部门的监管、全国各地媒体的监督，甚至对于那些黑恶势力的敲诈勒索等所有维权和公关。

其实，在创业这条路上，女性创业者的包容心要比男性创业者更强大。没有哪一位企业家敢以十全十美自居，竞争不是一个人的游戏，而是一个团队或集体的事业。尺有所短，寸有所长，我们不能要求每一个人都像模子刻好的那样优秀，但我们却可以发挥出不同人才的不同优势，而且，一个人在某一方面具备极强优势的，那也有可能存在于其他方面的绝对问题性。作为企业的领导者就要将有各种长处和各种问题的人黏合在一起，组建成一个相互包容的团队，同步向前。

每一位领导者都是企业的核心，接受着来自四面八方的声音。她或他的内心就像是一个硕大的垃圾处理器，将所有的负面信息转化成正能量再行输出，与他人分享创业的激情、满腹的希望和绝对的信心。

包容是一种力量，也是女性领导者的一种优势，但韧性，与包容心一样，是女性创业者优于男性创业者的另一大优势。创业的这条路，男性往往以强大的爆发力"一马当先"，但创业不是一场百米跑赛，而是一场马拉松长跑，需要强大的耐心和韧性，这一点，女性企业家会更有优势。

四大优势中最核心的当属平衡性。刘伟认为，女性是天生的平衡大师，而管理上也无处不存在着平衡之美。相比较个别男性企业家在创业过程中所表现出的过度自信，盲目地乐观于自己什么都能做，做什么都会很成功，女性企业家在创业的各个时期所表现出的善于协调自信、清晰的自我认知等平衡性就显得更胜一筹。

史玉柱第一次创业是27岁，第一次尝到什么是失败滋味的时候，他也就30岁出头。其实，他的成功过于迅速了，因此也导致了史玉柱盲目的自信，当然，这不是史玉柱一个人的过错，包括刘伟在内的许多人都对史玉柱非常有信心，根本没有人会质疑他的决策。失败和成功都不是永恒的，能够从失败中总结经验教训，并且有则改之无则加勉者，一定离成功不会很远。经过了第一次创业失败之后的史玉柱，明白了平衡在创业和守业过程中的重要性，之后的任何一个时期，他都能够将平衡演绎得一次比一次更好。

见证过史玉柱第一次创业失败的刘伟，将自己总结出的失败教训揉碎了慢慢"咀嚼"，品出了真滋味，就像坚持原则的同时，会更好地利用女性柔软的黏合度。刘伟说："有些男性特别讲义气，但往往很难坚持原则，我经常说慈不掌兵，义不理财。史总的企业家朋友很多，他的朋友经常找他借钱，他觉得不借面子上就过不去，就同意了。因为我们公司的流程是没有史总签字环节的，所以最终的签字权在我这里。流程走到我这儿，我就要把握这个原则。第一，他为什么不去银行借；第二，有没有合理的、合适的、充足的抵押物；第三，这个抵押物能不能在银行办法律上的抵押手续等。如果史总非要借的话，只有一个办法，就是取消我的签字权。我们女性的原则又可以用比较柔软的方式去做，态度可以柔软，语气可以柔软，但是并不影响坚持原则。如果之后在聚会上碰到了这个借钱的老板，我去跟他敬一杯酒。其实女性也比较善于平衡，在坚持原则和保持柔软度方面。"温婉的刘伟在原则的方面比起史玉柱来，甚至更铁面无私。

对于创业者而言的平衡，还包括自我平衡与团队平衡。我们打一个比方，如果让一只狼来管理一群羊，领导者就显得太强，团队太弱；如果让一只羊来统领一群狼，这个弱小的领导者就一定压制不住过于强大的团队。对于创业者的自我平衡和团队平衡的问题，刘伟认为，女性创业者更有优势。"虽然看起来我们可以自我比较小，给团队很多空间，因为下面我的高层副级人员很多都是'80后'，还有'85后'的，因为是游戏行业的，可以让他们有更多的空间去施展才华。表面上自我可以小一些，但是在关键时刻，自我就要大，比如说碰到困难的时候，他们年轻，没有经验，他们就要往后退，我们就要往前冲，所以作为女性来说，也会比较容易平衡自我和团队之间的关系。因为我也观察史总，在史总身边就很难出现那种特别强的男性，因为感觉两个人在一起针锋相对，很难配合好，所以这个时候是需要女性平衡的。"

对于19年前赶上了出国潮的段小缨来说，赴美留学，毕业后一直在通用电气（以下简称GE）工作，这份"情定"来得更美好、更幸运。她认为加入GE并不仅仅只是加入一家公司，因为GE有能源、航空、医疗、能源管理、交通运输等八大业务板块，"不用换公司就可以尝试不同领域的职位"，这是段小缨认为一举多得的好事，而段小缨本人，也在八大板块之间的转换与平衡做得非常出色。作为GE中国第一位女性掌门人，段小缨认为自己非常幸运，"自己的职场发展赶上整个中国经济的高速发展，所以回国就是必然的选择。从职场角度来看，GE作为全球最优秀的企业之一，也给我提供了很好的平台。并且企业十分注重发展战略和人才培养战略，自己非常荣幸地选择了GE。"

其实，选择GE的女性又何止段小缨一人，当更多的男性都不能承受 GE 的压力之时，为何段小缨这个"女流之辈"却坚持到了最后，并且做到了女掌门人的职位？用勤奋换成就，是段小缨在 GE 成功的垫脚石，在多元文化的组织中，段小缨及众多"女流之辈"们对成功的意义并不仅仅局限于事业上，她们还要权衡好家庭的经营和不断成长和继续 学习的关系。与男性不同的是，促进女性事业成长的除了职业本身，美满的婚姻、良好的人际关系、培养情操的才艺都是动力之源，一旦解决了女性对自身认识狭窄的问题，她们为组织释放的潜能将是经久不衰的。

女性在职业中具有男性无可替代的优势，忠诚度高、谦和、具忍耐力，又是很好的倾听者。女性天生的敏感、洞察力和细腻能够弥补男性的不足。相对而言，男性跳槽频率高，喜欢激进高调，有很强的竞争性。在团队中，擅长倾听的女性会让男性变得平和，也更容易帮助团队找到解决问题的方法。

GE 中国首席执行官段小缨在新上任时致员工的一封内部信

亲爱的同事们：

最近大家一定从媒体和同行那里，听到了不少关于"中国加快推广自主品牌""国产高端大型医疗设备打破外资垄断"等报道。我想和大家聊聊我对市场和竞争的看法。

一、竞争成就进步

不断适应变化、勇于竞争是每个 GE 人血液里的东西。居安思危，应势而变是我们多年来能不断超越、保持竞争力，并在多次经济危机中生存和进步的根本。GE 人无畏竞争，竞争成就进步。

35 年前，当 GE 医疗踏上中国土地之初，我们就开始思考如何真正为中国客户、中国市场、中国民众做适合的产品。健康创想、提高医疗质量、降低医疗成本、增加医疗可及性是 GE 医疗的使命。早在 2010 年，配合政府医改，我们就已经提出了高端和基层市场两手抓的战略转型，通过产品、渠道、服务、生产全方位加速本土化，立足中国，服务中国。

过去这些年，我们已经取得了阶段性成果：在中国研发推出了 30 多款产品，其中 70% 是面向基层市场的；设立研发创新经济型产品的 CoE；建立并拓展专注基层市场和民营市场的团队；推出"关爱先行"的市场战略；布局无锡、北京、上海、桐庐、天津五大生产基地。这些战略和措施都是"因市场而变""为中国而变"的结果。今日今时的 GE 医疗中国，早已不是一个纯靠进口产品的国外厂商，也并非"昂贵"的代名词，而是具有全球竞争力、立足中国的创新企业。

创新是保持竞争力最好的武器。从 1896 年 GE 设计第一台 X 光机开始，GE 医疗的科技创新就伴随着全球影像技术与时俱进。GE 的创新靠的是每年 10 亿美元的研发资金投入，数千名研发工程人员，超过 130 年的创新底蕴和技术积淀。不仅仅是产品技术的创新，还要有模式的创新、管理的创新、营销的创新、理念的创新。要做到这些，我们需要具有敢于"自我颠覆"的勇气和方法。只有不断尝试创新，才能不断进步，保持核心竞争力。

二、客户决定市场，市场需要责任

客户决定市场。任何一个企业的可持续发展最终都要经得起市场的考验。产品好不好，市场会告诉我们，客户的需求和满意度才是所有产品和服务的根本。闭门造车不行，空喊口号也不行。中国市场很大，需求也很细分。只有做到真正了解每一个细分市场的需求，根据客户需求量身订制，才能立足于市场。

对于每个 GE 员工而言，我们要有强烈的"以客户为本"的意识。战略不只是首席执行官层面的东西，每一个业务每一个产品都有自己的战略，你负责的业务和产品，哪怕是支持部门，你都要清楚它的战略是什么，客户要什么不要什么，你要知道随着市场变化，这样的东西应该发生什么变化。

市场也需要责任。企业的可持续发展不仅仅取决于产品创新的能力、经营管理的能力、服务配套的能力、人才梯队的深度和厚度，更取决于它的社会责任。提倡早健康、应对重疾解决方案、开展基层医师培训、提供移动设备捐助抗震救灾等合作项目，这些都是我们 GE 人引以为傲的社会责任。

看病贵、看病难，归根结底还是医疗资源分配不均衡。解决这些问题不是朝夕之功，也不是一家之力可为，需要政府、社会、企业、民众的长期努力。GE 是这个生态链中的一部分。我们不需要被标签化，无论是国企、民企还是外企，只要能为中国市场做出贡献，共同解决行业问题，树立榜样，中国都需要，大家都是好样的。我坚信，中国市场会是公平的、开放的、透明的。

三、做最好的自己

最后，我想聊聊我们的公司文化。"诚信合规""Growth Values""简化运动"是 GE 独有的文化和价值观，确保我们行得正、看得远，在未来的市场中更加灵活，更有竞争力。

GE 人与众不同，GE 文化造就具备全球视野的国际化人才。市场上对 GE 人有着很高的评价，GE 人高度认同公司文化，具备很强的学习能力和卓越的领导能力。我们相信，只有一个热爱公司、深为 GE 文化自豪并愿意为之不断努力的群体，才能够抗拒各种竞争压力和追求短期效益的诱惑。我们要继续传承 GE 文化，专注当下，做最好的自己。

这是一个好的时代，也是一个变革的时代！坚持创想，坚守原则，追求卓越，做到最好，让我们带着一颗勇于竞争的心，坚定前行。

段小缨在刚刚接任 GE 中国首席执行官时，曾经慷慨激昂地做出上述讲话。字里行间，我们看到了一位成功的女性企业家，在宽容心更为柔软的今天，是如何一步步走到金字塔的顶尖，又凭借什么样的韧性不屈不挠地在男性主宰的经济大时代大谈特谈"中国智造"。

她们有爆发力，更善于厚积薄发，最擅长于持之以恒的柔韧和坚强。很多人都说，竞争和创业是男人的天下，可谁又能绝对地肯定"女子不如男"呢？

— No.3 —

对消费者的感受力更强

自古以来，胜者都是得民心者得天下，激烈的市场竞争中，能够"虏获"消费者的消费心理，就是王道，就是成功。随着人们消费能力的提升，来自于市场的消费需求也在发生与时俱进的迭代。比如，从最初的衣食住行的刚性需求满足，到服务品质和感受的提升，再由商品购买上升至服务购买、感受购买，那些能够准确把握消费者心理或是购买欲望的创业者，往往更容易成功。

其实，这个世界上很少有谁是与生俱来地带有使命的存在，有人在兴趣的"怂恿"之下走上了追梦的"不归路"，有人在压力的迫使下闯荡出一番别样天地，有人误打误撞傻傻地耕耘和收获着。诚然，成事在人，谋事在天，机遇与巧合时常光顾于意外之后，但又不得忽略，在自我更为擅长的领域打拼更值得称道。

中国风险投资有限公司高级副总裁钱慧高是一位非常"敏感"的投资人。在基本上被视为男人战场的经济圈，女性投资人逐渐崭露头角，像今日资本创始合伙人、总裁徐新；纪源资本（GGV

Capital）管理合伙人李宏玮；KPCB 凯鹏华盈创业投资基金和 TDF 华盈中国投资基金的创始及总裁合伙人汝林琪；贝塔斯曼中国总部首席执行官、贝塔斯曼亚洲投资基金 (BAI) 管理合伙人龙宇；清流资本董事总经理王梦秋；高瓴资本合伙人洪婧；盘古创富董事长兼首席执行官许萍等"把玩"投资的女性企业家成为了时代进步的一个典型标志。

巴菲特的投资真谛是："投资法则只有两个，第一法则是不要赔钱，第二法则是不要忘记第一法则，只在必然打中猎物时才能扣动扳机。"金钱、权力、狩猎，怎样听都是男人的游戏。或许在历年来全球投资人的名单中，女性投资人的数量还是个位，但她们的眼光和操盘却一点都不逊色于男性投资人。从数量上看，也正是如此，在历年的全球前百名投资人榜单中，通常只有 4 ~ 5 位是女性，但是，这些女性投资人的表现却毫不逊色。

钱慧高在一次接受采访的时候曾经坦言道，自己作为一名女性投资人，最大的优势就是感受力更强，或者说是更多的女性更注重人与人之间的交流和感受。

成为一名专业投资人之前，二十多年以来钱慧高从事的工作更多的是管理。从国际贸易专业毕业之后，钱慧高一直从事进出口贸易的工作，其中，同投资接触较多，尽管没有真正从事过这样的"专职"，但通过沟通和交流，钱慧高总能十分准确地把握住合作伙伴、客户、消费者等多方面之间的纽带和关联。她能更容易地找到服务企业的真正需求，这一点，与钱慧高善于关注人的心理有很大关系。

就像钱慧高说的那样，做投资说到底就是投资"人"，创业者本人的能力直接关系到投资者的投资回报率，而这种能力又包含很多方面，如管理能力、战略视角、创新能力等。钱慧高在谈项目的时候，将更多的精力和时间用在同创业者之间的交流上。"从我投资到现在，没有过我想投而投不进的项目。因为每次跟首席执行官交流，他们会对我有特别强的认同感。例如，2015年投资一个新三板挂牌企业，当时有一个知名投资机构已经与他们签了合同，并且做完尽调了。但是跟我聊完之后，他们的首席执行官居然赔了十几万元尽调费，执意跟我签，后来我们也成了特别好的朋友。"钱慧高对每一个创业项目和创业者都保持绝对的尊重。梦想从来都不该被吝啬，所以，越是有梦想有追求的创业者，投资给他们，才更有价值。对于投资者而言，创业者的感受也就不那么"感性"了，而是多了一份理性。

其实，对于投资者与创业者，或者是商家与消费者之间的任何一种感觉，都是最简单的心理现象，是从人体的大脑部位开始，系统全面地对事物外部特质、外部联系的"了解"之后呈现出的一种直接反应。科学和理性面前，断然不会仅仅依靠"感觉"行事，但感觉却是一切认识过程和心理活动的起点和基础。事业的宏伟建筑之中缺少不了任何一个基础的细微感觉。特别是服务为领航的全民经济时代，创业者找准了消费者的感觉，就等于找对了自己创业的那条路。这也就是为什么说"机遇偏爱有准备的头脑"了。

那么，什么是机会？

相同的游戏规则之下，手里的兵器和装备几近相同，不同的玩家还是会打造出不一样的战果，这是为什么？三尺讲台上同一个老师讲授同一门学问，三尺讲台之下的莘莘学子在相同指引下却走出了完全不同的人生轨迹，这是为什么？同一颗药物在同一病症摧残下的不同患者身体中所起到的治疗效果也存在或细小或明显的差别，这是为什么？

答案很简单，因为每一个体都是个性化的单元，就像机会摆在一群有梦想有能力的创业者面前，沿着不同方向奔跑的人所到达的终点始终不会是一个。对于一些创业者而言，机会就是发现了"好的去处"就义无反顾地朝着这个方向跑去，对于橙意家人创始人张丹而言，机会是发现问题并且解决问题的能力，而这种"问题"，很有可能就是自己亲身经历的过去。

张丹曾经是一名杂志社的主编，一次在拜访客户的过程中，突然间出现头晕目眩、呼吸困难，这对于一位一直以来身体健康状况不错的年轻人来说，实属是一场从未经历过的"磨难"。张丹被送去抢救室，抢救之后恢复了意识的张丹准备接受接下来的诊断和治疗，却被护士告知：自己的"病症"还没有呈现出明显的趋势，因此不在该院临床服务范围之内。在死亡线上走过一遭的张丹顿悟到：做任何事情，都不应该拿健康当赌注，也不能视健康于不顾，这是最不值得的事情。

"劫后余生"的张丹更加理解健康对于人的重要，健康不仅是病者当下的心愿，同样也是正处于健康之中的人们需要保持和守护的财富。张丹其实只是一个亚健康的个例，但个例又是反映出社会普遍存在性的表象。那个时候，"大健康"还是一个新兴词汇，中国对于慢病的预防领域的研究并不完善，但像张丹这样对健康有执着追求的人却又比比皆是。怎么办？问题没有解决方法，那就自己创造办法！也就是在那个时候，张丹知道了一个词汇，叫作"预防医学"。

预防医学严格意义上说并不是医学科学体系，它是从医学科学体系中分化出来的研究预防和消灭病害，讲究卫生，增强体质，改善和创造有利于健康的生产环境和生活条件的一门科学。预防医学也不同于临床医学，二者之间最大的区别就是，临床医学是以个体为对象，预防医学以人群为对象，以预防为主要思想指导，主要研究环境对身体健康影响可能的规律，以制定出预防疾病发生的措施和有效保障。借助"防患于未然"而走在疾病的前面，将病灶在未"出生"之时就扼杀在"胚胎"之中。

一个在文字与符号之间游走多年的精灵突然意识到，这一解决自己遇到的困难同时又能帮助更多人的事业更值得终身去奋斗。于是，张丹毅然放弃自己热爱的文字工作，全身心地投入到慢性病健康管理领域。

创业之初，张丹"幸运"地赶上了好时期，整个健康领域的市场前景非常好，差不多半年的时间，张丹的橙意家人就签了千万合同，这对于一个刚刚走上创业道路上的创业者来说，无疑是一个硕大的定心丸——无论怎么跑，这条路上的后来者们估计也都得追赶一阵子了。短暂的"风平浪静"在张丹的战略构想中开始游离了，或许是多年以来从事杂志采编的工作经历，让这位初创业的大胆女性有些盲目地追求大而全。这样的工作方式在企业的创业初期可谓是致命的劫数，橙意家人在创业之初未能幸免于难，不久之后即陷入了创业前期的"陷阱"中。

"面对自己的错误，就像胳膊长了一个肿瘤，必须要把胳膊砍掉一样，很疼的，但是我要勇敢地去面对错误。"路走偏了，总要摆正姿态或重新来过或转道继续前行，张丹意识到，自己最大的错误就是有些盲目地追求大而全了，就像小鸟的翅膀还未长硬就迫切地起飞一定会受伤一样。张丹不得不和剩下的几个元老开始第二次创业。这一次，张丹决定先寻找到一个有细分空间的领域，然后在细分的基础上走一条自己别样的创业之路。

很多创业者的创业灵感出自于不经意间的一个念头，张丹就在这个关键的念头迸发的瞬间牢牢将其抓住了。那是一次朋友聚会，大家聊着聊着就聊到了睡眠和打呼噜的问题上来。"几乎每个家庭都有打呼噜的人，为此，夫妻可能还要分房睡。我记得有一个朋友说，他一个哥们儿的绰号叫'半栋楼'，就是一打呼噜，半栋楼都能听得到。我当时想，从这个点切入会不会很好呢？"张丹开始重新思考自己的第二次创业了。

从鼾症的切入点出发，张丹做了大量的市场调研，大量确凿的数字显示，鼾症是一个可致命的却又未被重视的慢病。张丹不是医生，她接触过的鼾症患者可能也就比较有代表性的那几个，但张丹却比更多的临床医生更"精益求精"，去糟粕取精华，用创新这杆大旗来撑起崭新的健康领域。于是，一款像手表一样的可佩戴的鼾症监测仪诞生了。"这个像手表的医疗器械，可以随时随地监测我们的生命指标，通过云平台上传给医生。当我们身体有任何不适的时候，医生可以通过远程帮助我们治疗。"

创新，意味着挑战蓝海，意味着成为第一个吃螃蟹的人。所有的机遇都伴随着挑战应运而生，创业亦是一场没有回车键的赌注，下定了决心就要勇往直前。

— No.4 —
团队沟通高手

一个优秀的企业，离不开团队的精诚团结，团结即依赖于高效的沟通。于是，那些在团队中充当沟通高手的人，便决定着团队乃至企业的生命走向。

阿里巴巴的成功自然少不了马云及其创业团队的功劳，但很少有人知道，偌大的阿里巴巴集团中，最擅长沟通的高手不是马云，也不是阿里巴巴的创业团，而是当初和马云一同创业的合伙人之一，孙彤宇的"贤内助"彭蕾。随着孙彤宇"嫁"给了阿里巴巴，彭蕾渐渐地从孙彤宇的"贤内助"变成了阿里的"贤内助"。人们都说，男人成功的一半功劳来自于他的另一半，阿里巴巴的成功自然也少不了彭蕾的贡献。

世人都说，彭蕾和马云的渊源是个传奇。他们本是两个不相干的人，甚至生命中难以找到任何一个交汇点。颠覆性的拐点出现在1997 年，26 岁的彭蕾从杭州商学院管理专业毕业后在浙江财经学院任教的第三个年头，成为了自己同系师兄孙彤宇的新娘。恰在此时，孙彤宇随马云一道准备"发疯"了。作为"随军家属"，彭蕾义不容辞地跟着孙彤宇一同成为了马云"十八罗汉"的一员。对于这段机缘巧合的"加盟",彭蕾曾表示说:"我在杭州商学院上学,在财经学院当过四年老师,马总既不是我的老师,也不是学校同事。我加入阿里巴巴是因为1997年我和孙彤宇结婚,他要随马总北上创业,于是我从学校辞职入伙成了'随军家属'。"

成为阿里巴巴一员之后的彭蕾,先后担任阿里巴巴集团历任的人力资源部副总裁、市场部副总裁和服务部副总裁,2013年起,领导筹备成立蚂蚁金融服务集团(简称:蚂蚁金服),并出任蚂蚁金服首席执行官。彭蕾的社会经历很简单,除了四年的大学老师之外,二十年青春都奉献给了阿里巴巴。阿里巴巴上下对彭蕾的评价,最重点的就是"沟通高手",这是一种自下而上的沟通,亦是一种自上而下的沟通。无论是员工,还是其他的高管,在彭蕾的"沟通攻势"之下,无不臣服。

阿里巴巴首席技术官王坚曾在一次阿里云的年会上,由于情绪激动摔了话筒,演讲被迫中断后气愤地夺门而出。后来彭蕾进入会场之后,第一时间去"安抚"王坚,这在王坚的记忆中很是深刻。作为一个女人,她有着阅人无数的智慧;作为阿里的"女主人",她承担了整个集团的宽容和胸襟。在彭蕾的事业观中,做"人"俨然成为了新常态。阿里巴巴拥有46689名员工(数据截止到2016年9月),首席产品官彭蕾的压力自然不小,但她能够游刃有余地处理各种工作上的问题,并且得到马云的赏识和其他高管的赞誉,可见彭蕾的能力超乎寻常。

彭蕾干练，擅长沟通，执行力强，她是马云所说的"心灵伙伴"，是偌大阿里巴巴集团的"定海神针"。对于自己的工作，彭蕾形容自己的工作是"看护着这一群人及凝聚他们的那种力量"。一直以来，彭蕾都在努力寻找一种能够触碰人心灵的方式带动团队，以促进员工、组织的成长，最终实现业务的增长和价值的提升。

2010年1月21日，彭蕾兼任支付宝首席执行官，这个善于沟通的，"人缘"不错的首席执行官，想必"钱缘"也不会错。2013年年初，阿里巴巴组建小微金融服务，彭蕾担任首席执行官，每天不厌其烦地翻看各种有关支付宝的帖子，即使是微不足道的用户感受，在彭蕾的心中依然有着至高无上的尊贵。她像守护员工一样守护着支付宝，每一个用户体验均会与小微金融服务的高管们一一分享，让相关的业务人员第一时间内知晓并解决各种问题。随后，彭蕾回归到人事经理职位中来，继续守护着现有的蚂蚁人，招揽着未来的蚂蚁人。

在阿里巴巴和蚂蚁金服，有一个有趣的自然现象——一半以上的人员均为女性。作为蚂蚁掌门人，彭蕾的善于沟通和关注用户体验感受的优势，实际上也是更多的女性员工特点。

蚂蚁金服的体系中，客服是相当重要的一个岗位，这就为那些善于与客户打交道的女性提供了广阔的发展空间，而这个空间，仿佛就是为女性量身打造的平台一样，有着允许"肆无忌惮"地以用户为天，以为用户提供优质服务为本的行业操守。可见，女性很接近互联网思维，女性创业者也就更能够在团队建设与沟通中发挥重要作用。

2016 年，世界互联网公司中涌现出三位最重要的高管，她们分别是蚂蚁金服集团董事长彭蕾、雅虎的首席执行官玛丽莎·梅耶尔和 Facebook 的首席运营官桑德伯格。《福布斯》杂志发布的 2015 年亚洲商界权势女性 50 人榜单中，彭蕾排名第 7 位；Wealth-X 公布的 2015 年全球科技圈女富豪排行榜上，彭蕾以 12 亿美元排名第 3 位；2016 年 9 月，《财富》杂志评选全球 50 大商界最具影响力女性，彭蕾位列第 16 位。

如果没有阿里巴巴这个举世无双的大平台，彭蕾可能还是那个三尺讲台上口若悬河的大学老师；如果没有彭蕾，阿里巴巴这个变量无定数的人才聚集地，很难井然有序。至今稳坐行业引擎的阿里巴巴，与彭蕾及超过 40% 的女员工的精彩绽放不无关系。要知道，谷歌所有员工中，女性员工只有不到 17%，高级管理层中的女性也只有副总裁梅里莎·梅尔（Marissa Mayer）一人，而在百度和腾讯公司的管理层中，几乎看不到女性的身影。

如果说互联网是女性的战场，也就可以找到"为什么淘宝统领互联网天下多年不败"的答案了——互联网是"她经济"的摇篮，而只有女人才更懂女人。所以，女性领导者不仅是团队沟通的强者，更是新经济时代的"价值取向"。

其实，无论是在"她经济"时代，还是在女性更为擅长的互联网等领域，像彭蕾这样杰出的女性领导者，既是企业的"连接者"，又是各种阶层人员之间的"沟通者"。她们在商业上收获成功的同时，还让这个世界变得更加美好，竞争，也不再那般剑拔弩张，而呈现的是良性的角逐和理性的分割。

Chapter 6

突破局限——
打碎思维天花板

创业也是创意，有时候，不按常理出牌反而更容易成功。进入社会后，每个人都在为了生存而挣扎、奋斗，偶尔停下脚步看看周围的其他创业者，有的成功致富了，但大部分人还在继续挣扎。细观察会发现，成功的人都有一个共性，那就是他们都有不拘一格的奋斗方式。

— **No.1** —
灵感与长远战略思维

在文艺圈或者科技领域，有一个时常被拿出来"招摇"的叫作灵感的词汇，仿佛它一出现就注定了一个新鲜事物的萌生和创新。灵感是一种极其富有创造性和突发性的思维，因此也兼具着"冒险"的成分。很多成功企业的伟大创意也是来自于简单的、突发的思维迸发，简单到会让人产生质疑：为何之前没有人采纳和实施过？而这种来自于灵感的彻悟又奇妙得令人啧啧称奇的创意，果真只是一念之间的灵动吗？要知道，伟大的创意可不是招之即来挥之即去的。同样是创业，灵感的迸发创造出的奇迹毕竟是少数，也因此成为后辈们期许和努力的方向。

其实，当时代的轮轴驶向了"互联网＋"的时候，就注定了"大众创业，万众创新"的崛起，这是中国新经济时代的必由之路，也是过去很长时期衍生出的各类传统企业重获新生的新思潮。历史上的改朝换代是新生，当下的创新迭代亦是新生，特别是传统行业如何在新时期战胜过去的自己，挑战创新集成的新科技，成为时代难以逾越的话题。

2016 年暑期档，一款订制化果蔬汁 KellyOne 在上海闪亮登场，每天限量销售 300 瓶，统一规格 300ml，而价格则随着不同的搭配定价为 28 元、38 元、48 元不等。KellyOne 针对大众消费者提供出 6 个系列 30 款果蔬汁的多项选择；针对小众个性人群则提供出 80 种水果和蔬菜的任意 3 ~ 5 种的不同比例搭配，实现真正意义上的"私人订制"，彰显出消费者的全新尊贵个性。因为 KellyOne 采用的是高静压杀菌技术（HPP）工艺以保证果蔬汁的绝对新鲜健康，故而它的保质期只有 7 天。

随着 KellyOne 的新鲜出炉，它的创造者 Kelly 浮出水面，没错，她就是宗馥莉（英文名字为 Kelly），娃哈哈掌门人宗庆后的女儿，十年前就开始被定义为未来的娃哈哈接班人，但宗馥莉自己也曾开诚布公地表示过，她不会当父亲的接班人，但这并不意味着，宗馥莉的"创业"与饮品无关。娃哈哈是宗庆后一手打下的江山，多年来创造出一个又一个奇迹。在这般伟大的父亲身后默默耕耘十载的宗馥莉，终于在 KellyOne 的面世之际走到台前。

十年的实践，夯实的不只是她这个"富二代""接班人""少东家"的强大基础，宗馥莉选择像父亲一样构建实业帝国，她不得不付出超乎所有人的努力和坚持。互联网时代下的实业可不是给娃哈哈换一个亮堂堂的名字就能够解决好的，十年的铺垫，宗馥莉为自己布了一局好棋。

"订制化果蔬汁还没有人做过，在这点上，我是靠我的直觉的，所以也有可能会失败，但也可能填补一个市场的空白。"宗馥莉自信地说，她的直觉不错，因为很大一部分来自于遗传。这是她对父亲的榜样的坚信，也是对自己的信心的首肯。

宗馥莉和父亲宗庆后一样，对饮品实业有着情有独钟的热忱，有着和父亲一样强大优良的企业家基因。不同的是，宗馥莉更有创意，更擅长搞怪，用她自己的话说就是，她还处于漫长的叛逆期。过去的十年，宗馥莉掌管着娃哈哈代加工业务的宏胜饮料集团，从饮料的生产到加工和出厂、销售的各个环节，都在宗馥莉的脑海里成了更高一层的睿智。她熟悉不同产品的各种配比及食品消毒的各个流程环节，这一切就是夯得最实的基础，是旁人无论如何也无法撼动的根基，是终将驰骋沙场的利器。

隐去娃哈哈几十年来的品牌形象，做一款全新的互联网订制化健康饮品，并且主攻一线城市，这对于一直以来抢占二三城市市场的娃哈哈来说，无疑是一个全新的从未涉猎过的领域。对于宗馥莉的大胆和创新，恐怕父亲宗庆后也难以给予娴熟的实力支持，但宗馥莉依然能够理直气壮地独当一面："我想推个新的品牌，但又不想走老的路线，去做正常的经销商体系。"宗馥莉在行业并不算景气中摸索、尝试新的消费习惯。有的行业中比较资深的"前辈"会质疑宗馥莉，这样的过于突破性的创意是不是有点难以驾驭？

大家可不要忘记了，宗馥莉"潜伏"的十年可算不上是一个"安分"的打工者，从她有梦想开始，就筹划了一个长远的战略思考。KellyOne作为一个全新的概念横空出世，自然也就不是宗馥莉仅凭一时灵感的决策了。其中贯穿着纵横交织紧凑得无懈可击的战略框架做基础，从而缜密地谋划和思考，才有了 KellyOne。

近几年，娃哈哈的销售收入逐年下滑，所以 KellyOne 的出现，让一些行业内的人误以为是宗馥莉"临危受命"挽救娃哈哈的"救命稻草"，宗馥莉并未对此传言做出哪些回应，她只是在用自己的方式延续娃哈哈的辉煌。

订制化的自有品牌，是宗馥莉开辟的"战场"，果蔬汁只是她用来打头阵的第一个产品，之后，有关于茶、咖啡等饮品或将陆续登场。此时，世人终于清晰了，原来 KellyOne 不是简简单单的宗馥莉的"证明"，它更是一个卓越企业家生命周期中经久不衰的一种工匠精神，而这种工匠精神，正是所谓的创新和灵感的来源，更是中国千千万万传统行业"浴火重生"的希望。

战略通常都是长远性的谋划，其中自是少不了工匠精神的相濡以沫，所以，一些成功的企业家们总结：企业家要善于布施战略，战略要有工匠精神，工匠精神就是要耐得住寂寞，于是，与战略有关的特别是同长远战略粘连一起的就是执着的工匠精神。

工匠精神具有两层内容，一层是不断重复机械性的劳动的表现，另一层是高科技品质的表现，二者之间可叠加、可兼容、可独有，只要终其一生坚持而为之，工匠精神是绝对不会辜负付出者的辛劳的。就像宗馥莉强调的不想被这个世界改变一样："虽然我是宗庆后的女儿，但是这三十多年来我做的都是我宗馥莉的事情。"

从 KellyOne 的定位和设计上不难看出，宗馥莉是一个做事执着、认真、追求完美的人。美国的求学经历强化了她个性鲜明的企业家特质——率性、直接、自信、追求完美。想法一出，即可落实，这是宗馥莉的个性使然，也是刚正不阿的企业家精神的一大要素。虽然是父女，但宗馥莉与父亲宗庆后相比，还是有着更大胆的一面。比如在传统行业如何转型的这一点上，父亲认为，将一个有 150 多个分公司、3 万名员工的庞大企业转型是一件难以实现的事情，与其说努力转型，不如说努力改良，需要慢慢地渗入创新，推进前行。宗馥莉则坚持认为，转型不等人，企业内部清理更要彻底，无论人员还是市场结构都不可优柔寡断，所有思路和战略不是慢慢推进，而是重新调整。

当一个坚持不懈，又精益求精，没有最好只有更好，不达目的誓不罢休地影响到事业和理想的追逐时，坚持者自然而然地拥有了一种一生耐得住寂寞的毅力与坚强，拥有追求无止境的卓越精神，就会成为一生的目标。

宗馥莉和父亲所体现出的是各自不同的企业家特质，即便是不同，也是相对独立存在。2015 年娃哈哈引进流水线装配机器人时，宗庆后曾对外界表露出有意愿去开发高科技自动化设备，但宗馥莉对父亲的愿望却不以为然，她反而觉得，技术可以购买，唯人才是企业亘古不衰的核心竞争力。所以，宗馥莉更愿意将"投资"设在大学和研究院里，亲自栽培人才为己所用。

"我觉得企业家就该带一点斗士精神，永远活下去的那种劲头，让品牌和企业活下去，对员工负责，对行业和社会负责；另一方面还要保持好奇心。"宗馥莉说，她就像不避讳自己的"叛逆期"过长一样，总是很真实地将自我展现给大家。这不是高调，也不是任性，而是属于宗馥莉的一种再自然不过的化学反应。叛逆而不失责任，理想不输给现实，即便最终不可避免地成为孤家寡人，却也努力地在既定的社交网盘中不断配比和实验。

"我要站在企业家和创业家的中间。光做企业家，若不敢去颠覆自己引以为傲的成功模式，没有勇气跳出自己的舒适地带，那也许只能存在十年，而创业家不知道怎么存活的话，就成不了企业家。"如果还是有传统的行业前辈们认为宗馥莉的 KellyOne 是感性的执念，那么，不久的将来，她一定会用确凿的事实证明自己独到的存在，这是一个永远不老的传奇。

— No.2 —
优柔寡断与魄力果敢

    《最伟大的力量》一书的作者马丁·科尔说："世间最可怜的，是那些做事举棋不定、犹豫不决、不知所措的人，是那些自己没有主意、不能抉择的人。这种主意不定、意志不坚的人，难以得到别人的信任，也无法使自己的事业获得成功。"优柔寡断从来都不是成功企业家应有的品质，女性创业者更要避开性格上的这个可能存在的特点。成功的女性创业者在她们的事业里主要有四方面的特质，即勇气、包容、韧性和平衡，你会发现，这四类特质组合在一起就是"魄力果敢"。

    所谓的勇气不是好勇斗狠，而是面对困难时的从容、坚持和果敢。女性最大的一个能颠覆生命的特征就是孕育生命，而这又要让她们经历更多的痛苦，之后则是哺育和一生的照料。其实，创业对于女性而言是又一个"生命"的孕育过程，决定创业本身就需要有很大的勇气，因为一旦做出了选择，就是没有回头和反悔的理由，除非创业失败。但我想，应该不会有哪位创业者会在最开始的时候，就计划着如何失败吧。

包容，多体现在团队建设和执行过程中的黏合度上。创业的过程就是一场战争，有同为创业者的竞争对手，有摆在面前难以逾越的行业大佬，有自我的不足威胁着事业的生命，更有环境和政策的约束。创业者可能遇到的障碍和困难是难以预料的，即便在创业之初已经做足了失败的准备，但难免每一个"障碍跑"都能不磕不绊不受伤。所以，创业者一定会有负能量，或者企业奋斗的过程中本也就带来了一些负能量。此时，女性企业家比男性企业家更善于将负能量转化为正能量，这种内心的强大是很难复制和超越的。

我们必须承认，男性的爆发力绝对优于女性，所以，男性创业者的创业更富于冒险精神，冒险的次数多了，冒险家的比例大了，其成功的基数也就多了起来。这就是，为什么多数人的观点左右着大众的"三观"，让人单方面地认为创业是男人的事。但人们也绝不能忽略，在很多事情的处理和解决上，女性的韧性更胜一筹，这会使得一些不可能的事情轻易间就变成了可能；使绝望叹息泪转眼间化为激动的热泪。创业不是单纯的障碍赛，不是凭借一鼓作气就能获胜的百米冲刺，也不是凭借合作就能胜出的接力赛，而是一场需要体力、耐力、韧性的马拉松长跑。

无论是竞争还是合作，女性创业者内心强大的自信与清晰的判断，总能第一时间平衡可能出现的任何突发状况，降低风险就等同于升级安全。她们是感性的，但也有着理性的思维；她们善于捕捉新鲜的视角，但也对行业的发展和社会的判断有着"权威"的分析。

之所以称其为权威，是因为女性企业家的平衡性是令所有男性企业家自叹不如的优势，特别是，她们能够坚持原则，也能够拿捏事态的各种变换，包括自我与团队的平衡。

创业是冒险家的游戏，是成功企业家的乐土；创业需要包容任何失败，也要鼓励冒险。只有亲历者才能体会，原来市场是一个永远都变幻莫测的区间，没有固守模式，也不按常理出牌，但若不尝试，就永远都不会知晓，也不会揭开奥妙的喜悦与甜美的微笑。

创业，对女性而言是一个表现"巾帼不让须眉"的极好机会。但一旦选择了这条路，也就意味着，她们必须放下温柔的矜持，抛弃原本安逸舒适的生活，完善自己、锻炼自己、武装自己，以磐石一般坚韧的姿态，去独当一面，去运筹帷幄，直至取得成功。

在温州泰顺县，有一个革命家庭，父亲打过游击，当过战队英雄，新中国成立之后开始热心于公益，当地人称其为"老雷锋"。正是这样一位父亲生育了一位干练、朴素、坦诚的女儿。

她叫陶赛月，在当地的法院有一个不错的职位，但她却不满足于那种"养尊处优"、没有挑战性的工作，于是就毅然放弃了"铁饭碗"。

2003 年，陈赛月和几个股东一道置地 300 亩，后建成大上海国际商贸中心。随着经济快速增长，国内的汽车产业也进入了快车道，通过对市场的深入研究之后，陶赛月找到一个巨大的商业机会，很快，"上海·金山汽车大世界"诞生。

不论是上海国际商贸中心，还是上海·金山汽车大世界，都是国内行业领域中响当当的大项目，陈赛月身边的朋友都苦口婆心地劝她，一个女人，何必要操盘这么大的项目。陈赛月不这样认为，她就是要做别人眼中最胆大包天的项目。陈赛月说，不管是女性还是男性，创业的圈子给每一位创业者提供的都是一样的"用武之地"，如果你不把握好自己的领地，就有可能被别人抢去；如果你将自己的领土治理得当，就有可能还会"抢"到他人经营不好的那部分。创业讲究的是一份不忘初心的坚持，需要创业者心诚，那么金石也就会自己打开。

— No.3 —
敏感性与钝感力

"我曾经非常恐惧批评，来自顾客的批评，来自投资人的批评，来自当当网其他同事的批评，这些都会让我很犹豫，我甚至会推翻自己已经做好的决定。"这是当当网联合总裁俞渝的一段自白。其实，早在当当网上市之前，她就已经接受了半年之久的心理学习，她深知："作为管理者成熟的标志，就是要学会什么时候知道别人的认可和自己的决定这两个之间是有时间差的，承认这种时间差也能够接纳别人负面的反馈。"

俞渝有着很多女性特有的敏感性特质，这份敏感放在创业上，又称之为"商业嗅觉"。

"自从有了当当网，我对四季的变化就很少有了感知，当每次走到窗口看到郁郁葱葱的绿树时，我才意识到原来夏天来了。"这是当当网创始人俞渝很多年前发过的一次"牢骚"，当时看来，诗情画意里渗透了满满的骄傲，可如今看眼前的这些互联网先期试水人，确实有"站着说话也不累"的资本。

俞渝是 1996 年的时候与先生李国庆在美国相识的，那个时候，"闪婚"还是一个新词，相对保守的年轻人，很少有人会用实际行动诠释这个词汇，俞渝和李国庆却是愿意当这个"第一个吃螃蟹的人"。相识仅 3 个月，他们就闪婚了。现在想想，那些能够走在创新之前的人们，不都是昨天的"异类"、今天的榜样吗！所以，在"互联网＋"还没有兴起的时候，俞渝和李国庆就创办了以销售图书、音像制品为主，兼具发展小家电、玩具、网络游戏点卡等其他多种商品的销售的当当网，当当网于 2010 年在纽约证券交易所挂牌，是中国第一家完全基于线上业务，在美国上市的 B2C 网上商城。

其实，在没有遇见李国庆之前，俞渝一直认为自己的个人问题是个"老大难"。1996 年时，俞渝已经 31 岁了，那个年代"晚婚"还并未"畅销",30 岁未结婚，甚至连个男朋友都没有的女人是很"可怕"的。所以，当爱情的丘比特射中她时，她没有犹豫。

当时也是机缘巧合，俞渝和一位朋友在国内投资做了一个新闻杂志，杂志的总编办理刊号等事情时正好得到了李国庆的帮助，于是，几个月后当李国庆到纽约参加一位朋友的毕业典礼时，顺便和俞渝见个面。俞渝心想，人家在国内曾经帮过她们的杂志，作为投资人，她有义务承担起最起码的礼尚往来。但是杂志社的投资人、董事们恰好只有俞渝有时间，就这样，俞渝和李国庆第一次见面了。之后很快就修成了正果。

但是，对于夫妻开网上书城创业的经历，俞渝一直觉得并不是最好的选择。"假如我有选择，我绝不会和我的老公李国庆一起创业。"这是俞渝于"2013中国商界木兰年会"上发表的一个耐人寻味、意味深长的感慨。并且毫无掩饰地向外界透露：假如再有一次选择，她一定不会选择和自己的先生一起创业。因为当时想创业的是李国庆，她俞渝充其量就是"陪太子读书"罢了。

虽然在俞渝的口中，这些轻描淡写少了很多期待和遐想，但越是低调的人，越是有能力，且更有故事。2015年，当当网一共销售了110亿册图书，包括3亿多册纸质图书、6000多万册电子图书。互联网大数据时代，数据足以说明成绩的斐然。俞渝曾十分淡定地说过：当当要做先驱，但绝不能做先烈。当然，当当网在迎面而来的亚马逊、京东等后起新秀前后夹击之下，口号貌似也不能当子弹和挡箭牌使用了。

我们都知道，创业是有风险的，特别是"身先"的创业者最容易"士卒"，不"士卒"也会受伤，然后就是花钱"医治伤痛"。在2010年上市之后的前两三年，当当网都处于不盈利的亏损状态。

2011年后，电商行业竞争厉害，当当网也在产品和定价上面临激烈竞争。从盈利到亏损，有时候就是眨眼之间的事儿。从2011年第一季算是盈利之后，当当网都没怎么赚过钱。最严重的时候是2012年的第二季度，当当网就亏损了1.22亿元。对此，俞渝还是坚持着原有的经营和策略不动摇、不改变、不颠覆。她对投资者表示："在实现盈利上，我们不会做特别大的努力。如果说要实现盈利的话，我觉得要看新开发的产品线。当具有一定规模的时候，企业可以盈利。这具体要看各个产品线。我不去做半年或者两年的时间表推测。"

投资者们自然对这样的解释不信服，俞渝并不理会。她认为这些投资者，是被利润的驱使而暂时迷失了方向，又或者说，投资者低估了当当网的能力。

不积跬步，无以至千里；不积小流，无以成江海。创业路上设置好的障碍一个都不会落下，创业者需要完完整整地经历过后，方见胜负分晓。由感性入手，再经钝化，方能输出正能量。

创业生态链上，"钝"是一种力量，也是一种优势。

钝者，讷于言、敏于行、钝于外。

如果说敏感力是一种外在的洞察，那么，钝感力则是一种内在的坚持。相对于洞察，坚持是一种更持久的耐力与爆发力。创业的队伍里从来都不缺少智慧的创业者，也常看到见风使舵、见利忘义之人，但这样的心胸和视野高度狭隘之人，恐怕也是难成气候。所以说，少数逆袭者的"钝"，反而赢得了更多人的信服。

日本作家渡边淳一发明了"钝感力"这个词语，是对大智若愚的智慧诠释，它象征着一股"迟钝的力量"，拥有"钝感力"的人能够从容应对生活中的各种跌宕起伏，也能积极地正视生活中的挫败与伤痛，坚定地向着目标前行。在创业者的素质中，"钝感力"更是一种可以赢得美好和成功的大智慧。

"钝感力"不等于迟钝，它强调的是应对困境的韧性和耐力，是厚着脸皮对抗外界的能力，是一种积极向上的人生态度。"钝感"相对敏感而言，就是一种大智若愚的生存智慧，像"阿甘"那样永不放弃的坚强。它使人不管在何种遭遇之下都能坦然面对，不自暴自弃，也不让自己受伤。

创业绝对算是一场血雨腥风的战争，看似共同托盘大市场，实则都在进行着适者生存、不适者淘汰的生存法则。保持一定的敏感度是必要的，但是更为重要的是对自己价值的内在认同、对理想实现的不变初心。创业者真的要感谢自己的"钝感力"，正是这种貌似"迟钝"的顽强意志，才能使他们能够突破重重障碍，步步向前，最终实现自己的梦想。

Chapter 7

穿越窄门——
克服中国式家庭"困局"

女性的生命中有一个关键的时期——孕育下一代，这是一个神圣的过程，让一个女孩摇身一变就成为了一位母亲。初为人母，她们注定要与社会有一个短暂的分别，一部分"妈妈"为了家庭不得不放弃事业，但她们又不想与社会脱轨。随着互联网时代的到来，越来越多的全职妈妈加入到创业大军中来。创业对很多全职妈妈来说只是一种新生活方式的尝试，成功与否她们并不会太在意。重要的是，在这段特殊的时间里，她们在努力，这些努力一定会成为今后的"财富"。

— No.1 —

左手事业，右手家庭

传统的家庭观是男主外、女主内，只要结了婚生了娃，女性的生活就要被家务、孩子全盘侵占，再唯美的梦想、再丰硕的才华都变得不再重要。直到互联网的出现，特别是移动互联网的崛起，为"全职妈妈"们带来了既不愧对高学历，还能兼顾家庭，既不影响带娃，还能有事做有钱赚的机会。

移动互联网带来的不只是传统行业的创新与迭代，还为新时代的"全职妈妈"正了名：她们不再是憔悴、辛劳、锅碗瓢盆的"代言人"，而是上得起厅堂下得了厨房，把家庭操持得井井有条，把生意打理得红红火火的"妈妈族"创业者。

为什么有那么多的"全职妈妈"涌入了创业大军？

其实，与男性创业者相比，女性创业者本就没有太多的野心和功利心，她们的创业更多的是实现梦想的努力。荣升为母亲的"全职妈妈"们自然更不会重事业轻家庭。她们只是不想与时代拉开太大的差距。她们追求的不单单是金钱，更多的还是理想，是对生命价值的一种诠释和尊重。

创业就等于有事情可做，不会与社会脱节，或者说回归了社会的大家庭。自己当老板总好过给别人打工，同样赚的是辛苦钱，但自己创业时间上很自由，不用早出晚归把时间浪费在路上，开个会还得披星戴月。拥有完全属于自己的事业，代表了社会地位的直线上升，人总是不能脱离社会独立存在的，谁都希望自己的人生能够光芒四射。对于"全职妈妈"而言，创业繁衍了一种叫作幸福的生活态度。

时下，选择自己创业的"全职妈妈"已经形成了一个独特的群体，又或者说形成了一个风向标。她们利用自己的"朋友圈"，以过硬的营销理念，摒弃"赚钱是唯一目的性"，充分享受创业的乐趣和自我的成就感。目前，这样比较独特的群体也越来越多，这些 SOHO 族的创业也都围绕着家庭环境，比如开办一个托管班，帮助那些双职工家庭接送孩子、辅导作业、吃早饭和晚饭；有创办亲子乐园的，节假日帮忙照看小朋友，组织团体性益智活动；有开办儿童生活馆的，定期举办跳蚤市场，租售二手玩具、书籍等。

有数据显示，一线城市的已育女性 20% 不再工作，很多大型城市的"全职妈妈"对职业规划倾向于"自己当老板"。她们的创业动机很多元化：26% 以上的"全职妈妈"选择自己的爱好或者梦想；24% 以上的"全职妈妈"想要将更多的"工作时间"与"亲子时间"重叠在一起，并且自由支配；其余近五成的"全职妈妈"创业想法来源于"回归社会"的不适应性，她们很大一部分已经脱离社会几年甚至十几年了，如今再同满大街本科、硕士毕业生"抢"工作，总是感觉心有余而力不足的。特别是离开岗位多年之后，一些职位对于她们而言"低不成高不就"，不是社会挑剔了"全职妈妈"，就是"全职妈妈"嫌弃了社会。所以，只要有商机，她们就尽可能地把握住，然后大胆向前冲！

有动机还要有行动才能有结果，所谓好的项目等于成功了一半。"全职妈妈"创业的首要问题就是"选择一个什么样的项目"。因为她们本身就是母亲，身边的圈子也都围着"母亲"这个关键词，好像不是母亲就没有共同语言一般。所以，她们茶余饭后谈论的热点基本上都是母婴、女性和居家。

有需求就有市场，你的需求就是别人的市场，也是别人的需求；别人的需求亦是你的市场和需求。听上去像绕口令，但这就是最典型的"全职妈妈"之间的话题。

一个叫作"妈妈六人组"的创业团队选择的创业项目就是女性美容系列。"这世上70%的消费是女性带来的，女性不仅给自己购物，还不遗余力帮老公、孩子、爸妈、兄弟姐妹和闺密朋友们买东西。""妈妈六人组"成员之一如是说。的确，女人更了解女人，所以女性创业者在给自己的产品定位时，所显现出来的就是她们得天独厚的直觉。

目前，我国每年的新生儿数量超过2000万，也就是有2000万左右的育龄妇女成为了孕妇或产妇。如果按照10%的平均值计算（一线城市这个比例超过20%），就有200位"全职妈妈"计划加入到创业中来。

一位生宝宝前一直从事外贸相关工作的创业者表示，她是在孩子上幼儿园之后，为了打发掉无聊的"全职时间"选择创业的。她说："由于之前积累了不少国外客户，他们可以给我介绍一些好用的母婴产品，于是从最初卖一些外销尾货的潮流童装到现在专注做婴儿的护理用品，我也开始了边接送孩子上学边当微店店主的生活。"这是一位自称最擅长"见缝插针"的"全职妈妈"的创业经，她每天除了照料孩子的上下学及生活起居外，还不耽误料理家务，更主要的是，她有充裕的时间给货品拍照、上货、更新和描述。通常，接孩子放学前的一两个小时为她"固定"的送货时间。

在我们日常生活中所接触到的美容纤体、咖啡等时尚领域，超过 6% 的投资者为女性。她们细腻、感性，她们对新鲜事物的关注、对客户体验的敏感程度、对时尚的感受能力等都远远高过于男性创业者。随着互联网时代的日新月异，特别是"互联网＋"的无缝隙牵引，女性的创业类型也在发生改变。她们有更多的创业机会和行业选择，在创业动机上也由生存型转变为追求和满足。大约从 2007 年就开始公布和盛行的汉语新词"她经济"，"暴露"出女性在体验经济中的天生直觉。互联网给了包括"全职妈妈"在内的新女性一个机会，让她们可以与男性一起，追寻自己的梦想。

在职场上打拼，做大事成大业的女性企业家不同的是，"全职妈妈"们的创业选择多为在家办公，这样，她们既可以兼顾家庭，又可以不荒废事业，可谓"两手都要抓，两手都要硬"。她们的创业

"目的"没有什么野心，相对平和些，反倒是增加了创业过程中的乐趣。

在互联网的帮衬下，电商不再局限于女性创业者的工作范围，她们大可以在家办公或者拿着移动手机办公，节约了租店、存货的成本，减少了创业风险，还可以陪伴孩子一起成长，这应该是所有"全职妈妈"远大于梦想的心愿吧。所以，"全职妈妈"的创业典型就体现在"左手事业，右手家庭"上。

— **No.2** —

全职妈妈的别样跨界

　　曾几何时，"全职妈妈"这个在中小城市及偏远山村流行多年的词语开始出现在大都市中，越来越多的女性群体生育后加入到全职妈妈列队中，她们不再工作，为了家庭和孩子甘愿奉献出自己的青春年华。学历、颜值、才华，仿佛在孩子呱呱坠地的那一刻都偃旗息鼓一般，特别是在北上广深等一线城市曾经风华绝代的优秀"漂族"女性，超过二成选择了在生育后做全职妈妈。

　　对于女性而言，"全职妈妈"只是一个过程，待孩子进入幼儿园之后，"全职妈妈"们也就逐渐淡出家庭全职的角色，开始融入社会和激烈的人才竞争中。虽然很多企业在聘用女性员工的时候，会重点强调已婚已育，但是，差不多三年的"销声匿迹"让这些"全职妈妈"们着实需要过些时日才能重新适应大环境。

　　重返社会的不易，为了事业就要舍弃家庭，她们不免揪心，错过孩子的童年成长……一系列难以做出平衡的抉择让为数不少的"全职妈妈"无从取舍。于是，聪明的全职妈妈们开始给自己的人生重新梳理，跳出世俗的视角，走上了创业之路。

创业者都有这样的一段前期经历，就是在选择创业项目的时候刚巧相遇自己过去从事过的领域或者自己更擅长的行业。本来就是摒弃外界的一切因素，独自依靠自己的能力闯天下，这样的勇气或许已经消耗了全职妈妈们很多自身的修为。如果创业选择的又是一个全新领域，那么创业的困难恐怕就更多了。

即便困难重重、前路荆棘丛生，也阻挡不了一些别样跨界的全职妈妈们，她们的生命仿佛在成为了妈妈这个角色之后就变得愈发强大，在面对困境的时候，甚至比驰骋商界多年的优秀男企业家们更有韧性，更能坚持，也就更有资格收获成功。

陈泠羽是一个很"娇气"的宝妈，她不想为了事业而舍弃陪伴两个孩子童年的成长。"在养孩子这件事上我感受最深的是，不仅要陪伴孩子，还要给予孩子高质量的陪伴。"恰恰是这样的"育儿经"让这个资深的媒体人走上了跨界之路。

六年的媒体从业经验，五年的传统企业的从商之路，六年的知名电商平台高管履历……这是互联网各大搜索引擎中对陈泠羽的普遍评价。陈泠羽，从北京广播学院（现中国传媒大学）毕业后直接进入到湖南经济电视台，成为一名财经节目的制片人兼主持人，首创并独立运营《生活风景线》等多个栏目。2010 年，随着小儿子出生，陈泠羽从媒体制片人转型为互联网高端男装品牌玛萨玛索市场副总裁；2013 年再次跨界母婴电商行业，成为"亚洲妈妈"品牌创始人兼总裁、中国母婴 O2O 创新品牌希果（原贝备网）创始人兼首席执行官。

从传媒人，到任职服装品牌副总裁，再到涉足母婴用品行业，作为两个孩子妈妈的陈泠羽，用一个妈妈和传媒人敏锐的视角，捕捉到了新时代下母婴消费者的独特需求，创办了中国领先的 O2O 智慧母婴平台。一次次的跨界、一次次的收获，陈泠羽到底是一个什么样的人？为什么在最受注目的行业中频繁迭代，甚至在其他的创业者们刚刚摸到头绪的时候，陈泠羽已经完美地实现了三级跳。是她与生俱来就是创业的典范？还是机遇偏爱于这位宝妈？其实不然，很多创业的灵感多来自于生活细节中的一次"特别关注"。

在很多一线城市，选择自己创业的全职妈妈俨然形成一定的规模，甚至可以说引领了一种新风潮。这些宝妈们有自己的网站和朋友圈，很多经营理念比较相似——不为挣钱，只为分享经验、收获创业的乐趣、寻找自我的存在感。她们拥有自己的网站和圈子，还有相似的经营方式与理念，她们多数并不以挣钱为主要目的，而是在享受创业乐趣和寻找自我的感受。

"70 后"美食博主"胖星儿"王小星曾经是《北京晨报》首席记者和奥运新闻部主任，可以说，这位知识女性在婚前是个实打实的"工作达人"，她爱工作超越了爱自己。结婚后，特别是晋级为母亲之后，王小星开始对家政情有独钟。特别擅长家庭烹饪、园艺、育儿、家庭关系、情感，以及所有与主妇生活相关的方方面面。王小星在淘宝小店里主打的招牌就是"这里卖的不是商品，而是传递着生活，一种叫作幸福的生活"。

很多创业的好项目就来自于彼此之间的分享。众所周知，一个好的创业项目等于成功的一半，而且，针对于全职妈妈们，她们选择的创业项目多半与孩子有关，因为这个时候她们的创业正介于孩子与事业之间。当然，母婴的范畴在人类的全社会之下还只是其中的一小部分，但如果我们将孩子不只当成"孩子"看待，而是当成一个生命体的朝阳产业看待的话，那么适合全职妈妈们的创业之路就是"N"次方了。

朱红媛是毕业于清华大学工艺美术学院美术设计专业的一名高才生，她和所有的女孩一样，都经历过青涩的学生时代，有过闯荡江湖的小小社会阅历，遇见了生命中的白马王子后牵手走过红毯，最终成为一个幸福的全职妈妈。朱红媛有过这样一个不知所以然的经历——哄儿子吃饭的时候，孩子总是吃一口就跑开去找感兴趣的新事物，然后饭菜凉了，孩子还没吃几口，而自己的吃饭时间也都搭在了哄孩子吃饭的环节上。到头来，孩子的吃饭成了问题，自己的吃饭也成了问题。不过，知识女性的创意总是产生于不经意间，特别是那些本就对艺术和创意擅长的人。

朱红媛忽然有了一个灵感，儿子那么喜欢卡通，为什么不尝试着将孩子的吃食弄成卡通的模样呢？朱红媛从小就有深厚的美术功底，所以她的创意很快就形成了具有实战性的"作战方案"——先是在电脑上用软件设计好卡通的图案，然后将精心烹饪后的美食搭配上五颜六色的水果，拼接成卡通的模样。果不其然，孩子真的非常喜欢妈妈设计的"卡通营养餐"。而且，朱红媛在与其他宝妈们分享后，她的创意得到了一致的好评。

于是，朱红媛的创业项目就这样诞生了。她将自己设计的卡通营养餐先在朋友的餐厅里"销售"，得到了很多小朋友的喜欢，口口相传之下，朱红媛的卡通餐厅就成了一个正在推向全国的品牌。

全职妈妈的创业，与其他的创业者有着很明显的区别。全职妈妈更习惯于"宅"着的感觉，但又不想与社会过于脱节，这就与甘愿付出全部热忱于事业的人有着本质的不同。所以，全职妈妈们更多地涉猎互联网产业，这样即使在家哄孩子也什么工作都不耽误。

开儿童投影机专卖网店的全职妈妈郝玉认为自己最幸福的就是"能一边创业一边陪孩子长大"。虽然还是待在家中，但是创业后一切都发生了改变："在网上卖东西的过程中，我结交了很多年龄相仿的妈妈，在妈妈群中我们不光交流开店的心得，也可以交流育儿经验，大家来自各行各业，有医生、心理学家，我从中学到很多东西，跟我以前的美编工作完全不一样，感觉进入了另一个世界，知识和视野都在不断地增加，比以前的生活更丰富。"

或许，对于全职妈妈们的创业与跨界的话题总是说不完，一个介于家庭和事业两个方向中心处的人群，却能够既不耽误事业，又不影响兼顾家庭，这算得上是最励志的榜样了。

— No.3 —

用实力说话

中国著名天使投资人，自 2000 年开始即专注中国互联网投资的蔡文胜曾经提到过：中国有层次的最多的资本力量，尤其是资本市场的第三股力量就是中国的"富二代"们。的确，他们有互联网思维，又拿着父母的钱，力量非常强大，也是推动中国创业的另一个很重要的因素。

纵观"富二代"们的创业触角，已经延伸到中国互联网的核心区域了，如美团创始人王兴、大姨吗创始人柴可等这些含着金钥匙开始创业的故事差不多在中国的大江南北都已经家喻户晓了。创业榜单上的话题王总是绕不开富二代，有褒贬、有唏嘘、有惊讶，亦有不可思议。其实，除了我们看得见的富二代之外，创业界还有很多隐形的富二代们，他们低调地隐去了自己的富二代身份，希望凭借自己的个人实力去赢得鲜花和掌声，而不是依仗父辈的光环。

其实，无论是名副其实的富二代，还是刻意隐去自己富二代身份的奋斗者，他们总会在自己喜欢或擅长的领域里不断奋斗，顶着光环成长的娇子，其实压力一点都不小。但他们更愿意用实力证明一切，仿佛父辈的那股韧劲在他们的体内愈发强烈一般。在所有"创二代"和"富二代"里，有一个特例，她就是柳传志的女儿柳青。

同样是创二代和富二代，柳青与宗馥莉走的却是两条不一样的创业路。宗馥莉和她父亲一样，都对饮品行业情愫颇深，她所创造的 kellyOne，即使与主战场在二三线城市的娃哈哈走的是两种方式的两条路，但在大的方向上却是殊途同归的。宗馥莉和宗庆后虽然在很多战略决策上的观点不统一，但彼此并不干涉对方的决策，不赞也不违，但柳青的创业可就不能算得上是父亲的旁支了，在严格意义上分析，甚至可以"诊断"为绝对的竞争对手。呈现在世人面前的，可能就是一场精彩纷呈的商场博弈。而这，在当今商界可谓是绝无仅有。

2010 年，柳传志一手创办起来的联想控股斥资 12 亿元"购买"了神州租车的 51% 股权。

2010 年，柳传志一手创办的联想控股就向神州租车注资 12 亿元，持股超过 51%。2014 年 9 月在香港联合交易所主板成功上市之后，联想控股依然是该公司的最大股东。神州租车上市后，联想控股仍然是最大的股东。2015 年 1 月 28 日，已经成为中国最大租车公司的神州租车宣布，将在全国 60 个大城市同步推出"神州专车"服务，正式进军互联网专车市场。

富豪们玩转经济圈已经不再神秘，但若是二代们的崛起专门冲着父辈而来，这样的故事听上去就比较意味深长了。2012 年，滴滴打车（2015 年 9 月更名为"滴滴出行"，以下均称为"滴滴"）上线，创始人不是别人，正是柳传志的女儿柳青。这个时间，应该是神州租车在全国范围内的大面积覆盖的阶段，其借助财团的实力也在丰满自我的羽翼。"滴滴"的出现无疑就是来分割出租车行业市场的。

所以，外界纷纷疑惑，柳氏家族的父女二人此番的锋芒相向是不是过于残酷了些？显然，柳传志已经习惯了女儿的这种肆无忌惮的"叛逆"和"挑衅"。在柳青的心里，她是一定要拿出点"绝活"，才能"拼"得过商界巨头的父亲。于是，柳青的"拼命三娘"名号就出炉了。

英国《金融时报》公布的"2016年全球年度女性领袖"榜单中，"滴滴出行"总裁柳青作为唯一的企业界人士入选。这份榜单，以绝对的成绩证明了柳青的实力，也让这位富二代在父亲的面前华丽地绽放。

其实，说柳青是富二代有点牵强，因为她的父亲柳传志并未对这个女儿倾注多少"情分"。甚至还在读书期间，就狠心将女儿逼入"墙角"，而柳青，也不止一次充当着"灰姑娘"。

时间追溯到1996年，柳青以优异的成绩考入北京大学计算机系。那时候，网络计算机才刚刚问世，为联想公司的发展奠定了时代的基础。随着公司规模的逐渐扩大，以及哥哥柳林信誓旦旦地表示"不接班"后，柳青理所当然地认为，自己将是联想未来接班人的不二人选，可柳青并不知道，父亲早早就在公司的高层中宣布过：公司高层的子女不得在公司任职，哪怕是实习也不行。

大二那年，柳青想着参加社会实践，一来班上的很多同学都开始提前进入实习阶段了；二来自己作为联想的"准接班人"，也应该提早进入到工作状态中。当她把想要进联想实习的想法告诉父亲后，没想到当即被父亲回绝。也就在这个时候，柳青知道了那条父亲不让高层子女入职联想的"规定"。柳青生气地质疑父亲：难道要将亲手打下来的江山拱手让给他人？柳传志不以为然地说："什么叫我打下的江山？这是我和公司员工的共同心血，不是我的家族企业。要让公司发展壮大，就必须选一个有能力、有实力的人来接管公司。"

虽然被父亲拒绝了，但实习的意愿不能忘，而且，柳青的心里憋着一口气，她一定要做出点成绩给大家看看，特别是要向父亲证明自己的实力和优秀。

之后的柳青给自己制订了一套很少有人能够完成和坚持的学习计划，她差不多把自己全部的精力都放在学习上。大三的时候，柳青获得了康柏公司的奖学金及到该公司市场部实习的机会。不知道是不是叛逆从那个时候就开始发酵了，柳青明知道康柏公司是联想最大的劲敌，她依然昂首挺胸迈进了康柏的大门。

2000年柳青大学毕业，并如愿考上哈佛大学的研究生。她拿着入学通知书"不计前嫌"地安慰父亲："爸爸，等我研究生毕业，就回来帮你。"没想到柳传志一点都不领情，还严肃地对女儿说："你不要总想着来公司工作，我现在郑重告诉你，我不会让你接我的班，不会让你来掌管联想。"

父亲一再地给女儿泼冷水，柳青想不叛逆都"对不起"那个"刻薄"的老爸。2002年获得哈佛硕士学位后，柳青"负气"加入高盛

（亚洲）投行部，成为一名基层分析员；2004 年转入直接投资部，四年后晋升为执行董事，2012 年为高盛亚太区董事总经理。2014 年加盟"滴滴"之前，柳青已有 12 年的投行高管经验，生育了三个孩子，一点也不影响她在事业上的摸爬滚打。或许她空降"滴滴"出任首席运营官的消息曾经令父亲柳传志惊讶，但她仅用了半年的时间就将一个未上市的公司争取到 7 万美元的融资，这应该会更令柳传志惊讶吧。

当一种行为已经改变了人们的某种习惯时，我们说，这就是成功。"滴滴出行"是借助互联网和物联网技术而发展起来的出行方式，深刻地改变了人们的出行习惯，比传统的出租车至少提升了 20% 的运力，破解了一二线城市打车难的问题。与此同时，在"滴滴"这款打车软件的补贴政策激励下，很多有车一族、工薪阶层纷纷加入到为"出行"做贡献的行列。

清华大学媒介调查实验室曾做出一份有关《打车软件经济与社会影响调研报告》，其中部分数据显示：在安装了"滴滴"打车软件后，90.3% 的司机认为降低了空驶率，其中 41.2% 的司机认为每月空驶率下降 10% ～ 30%，3.9% 的司机认为每月空驶率下降 30% 以上。

这些显著的成绩就是柳青的"实力"。

授人以鱼不如授人以渔，柳传志几次三番地"刁难"女儿，不就是想要激发出柳青骨子内的企业家特质吗？他是在用自己的方式教育女儿如何"火眼金睛"地寻找商机，实现自我，适应不同的商业环境，不管涉猎哪一领域都能够如鱼得水。

Chapter 8

以柔克刚——
小确幸，大赢家

女性若是阳刚了些，就被称为"女汉子"；男性要是显得温柔了，则会被嘲笑成"娘娘腔"。两个词语摆在一起，你会发现，"女汉子"怎么看都比"娘娘腔"看着顺眼，就像生命本来就赋予了女性两种属性一样，柔可温情蜜意，刚可铿金霏玉。创业过程中会出现很多不确定性的因素，女性创业者在面对突发事情的时候，总能以自我的平衡优势化险为夷。成大事者本就不该拘泥于小节，刚柔并进未尝不是一个制胜的法宝。

— No.1 —

创业是跑一场马拉松

马克思曾说过，生活就是一场苦苦的挣扎。每一个行业大佬们的光鲜背后，都有着一个刹那间就可能死去的"借口"——资本寒冬。鉴于此，今天或美好，明天亦美好，后天呢？是不是就开始筹备垂死挣扎了呢？看待问题总是需要有所转念的，所谓塞翁失马，焉知非福？这类问题换一个角度看待，就是今天残酷，明天残酷，后天就是大好晴天，而我们的创业者，是否有绝对的信念坚持等到接收后天的美好，这才是事件的本质。

因为创业，本身就是一场马拉松，巨头们会选择在赛事的后半程提速前进，已经开始了的你，接下来就只剩下坚持到最后这一个选择。

其实，创业和运动一样，都需要有一个坚持到底的信念和决心，无论是巨头还是虾兵蟹将，强大的信念至关重要，于是，我们联想到那些与运动有关的创业。

1993 年，19 岁的王静离开四川老家，只身来到广西北海的一家小餐厅工作，在这里，王静遇见了年长自己 6 岁的盛发强。当时，盛发强满腔的奋斗热情，毅然放弃了铁道部设计院的工作，同样带着梦想来到广西北海。起初，盛发强开了一家小印刷厂，小到算上老板只有三个人。

一次简单的相遇，就这样慢慢绽放出爱情的芬芳。"他到我们单位来做业务，我们就聊了几句。"王静在回忆与丈夫最初相识的时候，总是这样的轻描淡写。两个同样有梦想、有追求的年轻人，自然不会被眼前的困难和野蛮拘谨止步不前。1994 年，二人在一次新技术博览会上买下了一个折叠休闲帐篷的专利，1995 年，王静和盛发强喜结连理，值得庆祝的是，属于他们自己的户外用品事业也开始起步了。

1998 年，王静和盛发强将"探路者"带到了北京谋求发展，十年之后，"探路者"创业板上市，王静作为"自然股东"身家一举过亿。听到这个消息的时候，王静正在攀登玛纳斯鲁峰。自 2007 年开始登山，王静用六年的时间成功登顶 7 座 8000+ 米高峰，在她看来，创业和登山一样需要坚持。"不管是在成长过程当中，还是在创业过程当中，都会遇到非常多的挑战。一切的努力所得，好像都不在乎你以前是在哪个位置上，而是看你是否选对了方向、选对了目标，然后持续地做下去，把每件事情都做好。"

从随夫北上创业，到公司创业板敲钟，王静渐渐淡出了"探路者"的管理层，以身试险开始为"探路者"探路。因为有多次登顶的体验，王静牵头带领研发团队就更加有底气。"研发最极限的产品，亲身体验才具备发言权，我来牵头研发当然最有说服力"。王静形容自己是刀鞘，当盛发强处于狂热期，觉得目标在哪儿就势必达成的时候，王静就充当了那个降温的角色。男人和女人看待问题的角度总会不同，王静总是"夫唱妇随"，但遇到意见不统一的时候，王静还是会投上反对的一票。

探路者于 2012 年 12 月 20 日发布的《第二届董事会第十八次会议决议公告》中，称《关于投资设立 Discovery 新品牌合资公司的议案》以 4 票赞成、1 票反对、0 票弃权获得通过。这其中的那一张"反对票"正是王静投的。对此，王静有两点"理由"："第一，公司现阶段更应集中资源专注于探路者品牌业务的建设运营，不断提升探路者品牌的美誉度和产品的专业性；第二，由于新公司运营的全新建立，会使探路者公司高层分散精力。个人意见目前尚不宜大规模投入资源拓展新品牌业务"。

王静喜欢体力上的冒险，她经历过极寒、缺氧、雪崩，甚至抵达南北极探险。在登顶洛子峰途中，王静遇到了数年前就冻僵了的登山者，感慨道："许多人付出了生命的代价还是停不下攀登的脚步。在实现梦想的过程中，不管是成功还是失败，只要百分百努力就够了。"

登顶后，光线通透得让人的思考都变得更加透彻了，但与此同时，各种各样的死亡也会不期而至。就像恐惧与奇妙仅存一念之间的不同，满满的诱惑往往能更加激励人们前行，在创业的这条"不归路"上，既然开始了，就不能轻易停下或止步不前。能够摆脱死亡赢得生命的，就是人的理性和内心的冷静。

从一种状态切换到另外一种状态，总是要学会调整的。创业前后的那种切身感受，是难以用语言表述清晰的，只有自己体验过，才明白其中的苦辣酸甜。就像运动一样，总要给血液来个沸腾的理由，才能够唤醒生命的热情。

准备好了，就要开始去实践了，因为没有人会在意一个创业者的创意有多么的奇美，在很多创投的手里，都把握着无数个新奇的、等待投资的创意，一个相同的构想至少有十个人想到过，所以，最后只有那个开始着手准备的人才会得到创业的机会。亨利•福特曾说过：没有实践的梦想，就等于空想。想要来一次大汗淋漓的马拉松，但不迈开脚步也等于是空想，而那些人生中首次开启"马拉松"模式的人，又该如何奔跑才能保持体力坚持到最后呢？

来自于顶级马拉松赛冠军的经验是这样的：他们会在后半程的马拉松中开始加速。马拉松的后半程指的就是最后面的 21 公里，是个足以夺命的 21 公里，这个过程会将一个人的全部能量顷刻耗尽。但如果在最困难的境遇下不仅不掉速，反而能够提速起来的选手，就有可能成为最后的赢家，他们也是风投和天使们寻找的"瑰宝"。

或许你会说，创业和马拉松，以及登顶等运动有所不同，不可相提并论。但它们之间有几处极为相似的特点。首先，创业和运动的胜者都是万里挑一的个例；其次，这是一个相对开放的平台，无论你是平民还是富二代，都可以在同一个起跑线上"预备"和"开始"；

再次，最终的胜利总是属于那些坚持到最后的人；最后，随时保持一种"饥渴"感，反而会激发出一个人无限的潜力，也正因为有着某种欲望，才会陪伴那个叫作"坚持"的名词到最后。

为什么肯尼亚的冠军最多，因为成为了冠军之后就能拿到数额可观的奖金；为什么两伊战争的赢家创造了以少胜多的奇迹，因为伊朗将士们的信仰告诉他们，死后可以上天堂。人，无论什么时候都不能缺少信仰和对目标的追求。

— No.2 —

发现别人没有发现的需求

　　周群飞，一个从 15 岁就开始外出的打工妹，30 年间蜕变成长为身家 420 亿元的中国女首富，这是一个正在发生的又令人啧啧称奇的造富故事。有人说，周群飞找到了其他创业者未能找到的"致富密码"；也有人说，是周群飞巧妙地规避了巨头的血洗，以一棵"小草"的身份借居在"大树"身旁，张张嘴就能吮吸到与巨头一样的营养。

　　和许多白手起家的创业者差不多，周群飞也有一个贫苦的发愤图强的成长时代。5 岁的时候母亲去世，父亲又在制作炸药的时候出了事，故致使双目失明，同时还没了两根手指。家庭的困苦并没有影响到这个积极乐观的姑娘健康成长，父亲更是希望周群飞能够有学问，长大后出人头地，所以，在周群飞还很小的时候，父亲就请来"有学问的人"教周群飞读《三字经》，还抄写《增广贤文》。《增广贤文》又名《昔时贤文》《古今贤文》，它堪称中国明代时期编写的道家儿童启蒙书目"畅销款"，不仅集结了中国从古到今的各种格言、谚语，而且，经过明、清两代文人的不断增补之后也就更加的"畅销"了。周群飞喜欢研发，善于创新，离不开父亲从小的谆谆教诲。

母亲不在了，父亲也残疾了，周群飞的童年也就悄无声息地度过了。她远比同龄人成熟得早。那时候，周群飞一边上学，一边在课余的时间背着竹篮去山上砍柴、打野菜，放学后回家做饭、收拾家务、喂鸡。初二那年，周群飞15岁，早早地结束了自己的学生时代，像很多贫困地区的辍学女孩一样，周群飞选择和同村的其他女孩远去大都市打工。

虽然离开了校园，但周群飞想要学习和进步的步伐并未就此搁浅。当时，周群飞和同村的女孩在深圳一家主要做手表玻璃的名为澳亚光学的工厂打工。这是周群飞踏入社会的第一份工作，也是她决定重新开始自己生活的起点。于是，周群飞白天在工厂打工，晚上就去夜校读书，同时还在厂区外找了一间铺子开起了服装店。每天三点一线地忙活着，周群飞怕是已经忘记了疲惫的滋味了。

机遇喜欢什么样的"馈赠者"我们并不能完全知晓，但勤奋的、做足了准备的人，始终都比常人遇见机会的可能更胜一筹。就在周群飞忙于工作、学习、兼职开店的时候，澳亚光学开始筹备扩建。但不知什么原因，准备扩建的那部分厂房建到一半的时候就停工了，据说，老板还准备撤资。周群飞得知后找到了老板毛遂自荐："成了，工资由你定；失败了，我给你打一辈子工。"

或许是周群飞的自信打动了老板，或许是老板也没了主意，莫不如让这个年轻人试试，老板同意了周群飞的请求。工厂建成后的主营业务是给手表玻璃印字及图案，之前自学的丝网印刷技术恰好派上用场。在周群飞的悉心经营下，小厂子的效益越来越好，成为公司旗下效益最好的厂子。随之而来的，还有老板的亲戚相继来工厂任职，周群飞是管也管不了，说也说不得，这个"当家人"当得越来越像个"傀儡"了。

1993年，周群飞毅然离开了倾注了三年心血的玻璃厂，和哥哥姐姐等8人，准备了2万元启动资金即开始了创业的征程。第二年，24岁的周群飞结婚了，老公正是澳亚光学老板杨达成。后来澳亚光学衰亡了，湖南老乡们也就都跟着来到周群飞的厂子打工。1997年的金融风暴让许多小产业入不敷出，周群飞的很多客户甚至都拿不出现金支付费用，只好拿旧设备抵债。渐渐地，周群飞手里的资源足以形成一条完整的手表玻璃生产线。

周群飞的事业转折，来自于2001年一次朋友的聚会上。当时，组织聚会的雷地科技公司老板在餐桌上就将自己新签的TCL订单进行了分配，其中，周群飞负责将原用在手表上的玻璃工艺首次尝试用在手机面板上。这是一次史无前例的大胆尝试，也开启了用玻璃屏取代当时盛极一时的有机玻璃屏的时代。

随着TCL手机在市场上的一度热销，康佳、中兴等国内品牌也紧跟其后，开启"玻璃屏"时代。2003年，周群飞与合伙人一同创办了蓝思科技公司，专注手机防护视窗玻璃的研发、生产和销售。机遇总是偏爱有准备的人，一个偶然的机会，周群飞从一直由台湾厂商主导的手机代工业中杀出重围，分得了手机巨头苹果的一杯羹。与其说是机遇的垂青，莫不如说是周群飞一直以来的志存高远、务实决定了她的成功。据说，当时苹果公司的订单是给了一家知名的代工厂的，但那个工厂并未做出苹果公司所要求的产品，而周群飞生产出的产品却得到了苹果公司的高度认可，自此，蓝思科技与苹果公司长期的战略合作拉开了帷幕，蓝思科技同时成为了苹果的大供应商之一。2006年，周群飞谋划在浏阳经济技术开发区建厂，三年后工厂建成并投产，提供目前市面上苹果手机的大部分视窗玻璃。蓝思科技也因此成为了名副其实的"隐形大王"。

从15岁开始打工，30年间成长为身家420亿元的中国首富，周群飞用自己的实力超越了碧桂园的杨惠妍和地产女王陈丽华，成为中国新晋女首富。如果不是真实的数字把周群飞推上了中国首富的位置，或许很多人都不会认识这位女企业家。她的产业很大也很小，大到市场有多大她的产业就有多大，小到每一个竞争的领域都看不到她的存在。

很多创业者追逐名和利，就会忽视很多微小的机会。真正的创业项目，其实就是在寻找和发现"需求"的过程。但并不是所有的"需求"都是创业的好项目，还需要做好检验和修正，特别是在项目种类繁多的时候，大方向一定不能乱，找到最适合自己创业的项目最关键。

那么，什么是创业者最适合的创业项目呢？首先，创业者是否对项目所在领域足够熟识；其次，创业者是否对创业的领域有足够的兴趣。比起男性创业者而言，女性创业者本身的功利心不是那么强烈，能不能赚到钱并不重要，只要做得称心，兴趣就是最好的创业资本。

— No.3 —

举棋无悔的背后

2005年，她因为一张免费的机票去了纽约，结果误打误撞加入了贝塔斯曼，在兰登书屋企业发展部门工作，之后担任贝塔斯曼数字媒体投资基金 (BDMI) 总监；

2007年她从美国回到中国，负责贝塔斯曼中国市场的战略发展规划；

2008年1月，她成立了BAI(贝塔斯曼亚洲投资基金)；

2008年至今，她带领BAI投资了易车、凤凰网、蘑菇街、优信、易鑫金融、大姨吗、拉勾网、豆瓣、Keep、探探、BigoLive、即刻等70多家明星公司和基金；

2011年3月9日，她入选达沃斯世界经济论坛2011年度"全球青年领袖"；

2014年，她应邀加入斯坦福商学院校董会，成为首位来自中国大陆的校董；

2014年，她领导的BAI入选36Kr联合国内10家最顶级VC成

立的"顶级 VC 联盟";

2015 年，她的 BAI 投中"2015 年度中国最佳互联网产业 VC 投资机构 TOP 10";

2015 年，她因其卓越的投资表现被投中集团评为"2015 年度中国最佳互联网产业投资人物 TOP 10";

2016 年，她应邀加入时尚巨头 Coach 集团的董事会，成为首位中国董事。

她，就是龙宇，一个举棋无悔、无时不刻不在雕刻着优秀人生的女企业家。她说："创业是一件极其孤独的事情，是一个小概率事件，是一个很可能失败的事情。要记住，不要把偏执当坚持。"就是这样一位女子，成就了自己的创业，也成就了更多人的创业。

其实，创业者一旦开始了创业，那就意味着踏上了一条不能后退的道路，而且，他们除了要将自己的事业做得成功外，似乎也没有多余的空间承载其他的追求了。每一个创业者都是希望自己的梦想得以实现，但是否能够真正的实现，实现过程中会存在哪些不确定性因素等却不得而知。但，创业者们更愿意相信，人生最美好的事情就是迷人的未知。

和所有创业者一样，龙宇曾经也有过很多个"未知"。小学二年级的时候，父亲告诉她，未来读完书也是要回成都老家的，那时候，美好的大学一下子在龙宇的脑海里成为了泡沫；后来，她成为了电子科技大学这样男女学生比例严重失衡的大一新生，那时候她甚至不敢奢望毕业后自己的去处有多好，因为她对未来的社会已经没有了任何欣喜和期盼；大学毕业后，龙宇成为了一名电台 DJ，1996 年加盟《综艺大世界》，作为栏目组最年轻的主持人，龙宇一直很努力地做好自己的本职工作，直到当上了制片人并在多部电视节目的制作中获得奖项。可是，如此优秀的龙宇却直言没有找到真正的自己。龙宇想要的，到底是怎样的"真正的自己"呢?

大概有五成创业者是在创业之前经历过一段相当不满意当下自己现状而又无力改变的时期，于是，他们选择创业来证明自己。龙宇想要的是那种可以允许她爆发出真正的自我创造力的事业。于是，龙宇选择了辞职赴美留学，她人生事业的转折就在这一刻发生了。

幸运的龙宇顺利地踏进斯坦福商学院的大门，但她不愿如外界认为的那样，做一个高智商的花瓶，几乎逢考必过的龙宇一边在斯坦福读书，一边参加各种考试，并且拿到了那个时代各类投行一流的录取通知书。2005 年，龙宇加入了贝塔斯曼（纽约），用龙宇自己的话说，是误打误撞进去的，因为她当时去纽约完全是因为可以拿到一张免费的机票。

世界上没有免费的午餐，但却有免费的机遇! 龙宇先是任职于兰登书屋企业发展部，随后就任贝塔斯曼数字媒体投资基金 (BDMI)总监，2007 年，龙宇回国负责贝塔斯曼中国市场的战略发展规划，并于 2008 年 1 月成立了 BAI(贝塔斯曼亚洲投资基金)。如果说，这一切都是误打误撞出来的，那么只能说龙宇是天生的幸运儿。但一路走过，我们不得不对这位果敢又敢拼的姑娘点赞，她的优秀完全是靠自己创造出来的，而且，已经成为了她的一种习惯。

有激情、有动机、有恒心，还有一点点运气，成功企业家与失败者之间的不同之处除此之外，还有 6 个好习惯：举棋不悔、不冲动、无惧竞争、懂得如何取长补短、不会在小事上浪费时间、还要有个人生活。

从 BAI 几年来投资的产业看，这家有钱但却不任性的基金在选择"目标"时向来都是速战速决，举棋无悔。其实，这并不是因为 BAI 每一次单选的准确率都是百分百，而是因为它的选项只有一个。在投资行业中，很多机构的策略均是"左手投资 + 右手融资"，这样的业务模式就需要机构要不停地兼顾着两头的"入口"和"出口"动向，为保障一期一期的基金顺利滚动进行，兼顾的多了，自然精力也就不那么专注。但是 BAI 却不同，它可以只讲一个故事，并且让这个故事获得利益的最大化。具体地说，BAI 作为贝塔斯曼集团全资控股基金，其资本结构相对简单，市场化的管理构架也就十分灵活。他们只需要管理好一个贝塔斯曼长青基金，无须再去分心做融资，所以，他们就有比其他基金有更多的时间和精力看项目、投项目、管项目，有更多耐力等待一家创业公司慢慢成长，并在其利润最大化的节点退出。这在投资圈可是相当奢侈的一件事，但贝塔斯曼虽"有钱"，但却从不"任性"，依托生产力解放而让投资更专注、效率提升到最大化。

底子厚是资本，投资判断精准就是技能了。选择好目标后，龙宇会组织团队先做好功课，全面了解之后再去谈判，虽然现在要浪费一些时间，但整个谈判的时间大大缩短，最重要的是，谈判的含金量更高。对于已经成为"合作伙伴"的企业，BAI 用相当执着的态度跟进，像"保姆"一样全方位提供服务，又像"保镖"一样360° 维护合作企业的利益。

投资一家企业和创立一家企业一样，都不是短时间就能决定的事情，所谓"冲动是魔鬼"。投资必须要经过深思熟虑。包括与投资人见面，事先做好功课。为什么说一定要先自己做些"预习"呢？龙宇解释说，她会通过提问的形式让投资人反复读同样的信息，以判定对方的逻辑思维和抗压能力。"我常会问一连串的问题。大概有一半的首席执行官在现场回答第一个问题就已经忘了其他内容；大概有 10% 的人，能清清楚楚地记得我的所有问题，并且逐一合理、恰当地分配时间来回答"。

英国维珍集团创始人理查德·布兰森说曾经说过："要想取得商业上的成功，就要勇于迎接竞争——但不要让竞争打倒你。如果你能在尊重对手与击败对手之间找到平衡，就掌握了成功的秘诀。"这样，不仅稀释了"竞争"本来的威慑力，也降低了创业者初入行业的压力，有序、公平、生态化的竞争，才是市场应该遵循的长久法则。

伟大的领导者向来都不是完美无缺的，他们之所以能成为世界级的领袖，不是因为在各方面能达到平均值或高于平均值，而是他们能够在相对很少的几个领域表现得更为出色，能够客观清楚地认识到自己的优势和弊端，善于取长补短，去糟粕取精华。始终保持高度清晰的思维和饱满的热情，自然也就不会在小事上浪费时间和精力。像扎克伯格的穿着简单到只有灰色T恤搭配连帽衫，像提姆·菲利斯每天的早餐都不换样。

事业对于企业家而言，都是从最初的一个创意和设想一步一个脚印走过来的，或许他们将全部的生命都倾注在了事业上，但这并不是最科学的做法，企业家除了要经营好企业外，还要经营好自己的生活。创业本身就已经过于"孤独"了，如果创业者的唯一也只剩下了事业，在企业的经营中难免会出现对偏执的坚持，导致的也就是不休止的恶性循环了。

— No.4 —

源于自信

创业是一种挑战，无论是谁，从哪里起步，总难免身陷逆境，遭受磨难。突如其来的瞬间或许一时毫无转机，最好的选择不是放弃，也不是搁置，而是坚持。要相信，坚持到最后就一定会有所收获。里约奥运会排球赛上，中国女排从小组赛开始就一路不被看好，但在主教练郎平的鼓励下，女排姑娘们一路坚持下来，最终取得奥运冠军；探路者的创始人王静，9次登顶8000米级山峰，在感叹、质疑、不解的此起彼伏缓缓缠绕中依然坚定前行，即使登顶的路上见证过失败，亲临过死亡，但她依然坚持做自己喜欢的运动。

其实，无论是团队的领导者，还是企业的创始人，她们难道就没有过纠结和不安吗？当然有过，只是，她们强大的内心支撑着坚持到最后，而有自信坚持到最后的毕竟是少数人，成功者也就在奋斗过程中一枝独秀了。

自信的人总是更容易遇见机会，而且一旦把握住了就不会轻易放弃。

2009年，一名准备到国外继续深造的律师偶然间受邀，帮助一家美国延保公司翻译其在中国召开的一次有关于"如何在中国推广汽车延保"的全程会议。受邀的"翻译官"是一个名叫杨晴光的女孩，当时她已经顺利通过托福考试，一切准备就绪，只待赴法留学。

就是这样一次机缘巧合的机会，硬生生地打破了杨晴光出国留学的计划。当时，杨晴光不仅从始至末通透地了解了推广汽车延保的理念及其未来在中国的发展趋势，而且还顿悟出，其实做市场远比当律师更适合自己的职业发展规划。一方是跨国集团以崭新的姿态初涉中国，政策环境和市场环境充满机遇，也存在着风险；一方是有着律师背景和出色国际化沟通能力的创业初行者。就这样一拍即合，达成了双赢的意愿。

创业之初，杨晴光还是以原有的律师身份参与了前期总队总草案的草拟和后期各个分支投保产品的过程。保监会（中国保险监督管理委员会）有要求，国外的保险公司在中国落地，需要事先由一家中国的保险公司作为"引擎"，当时，杨晴光所在的 Protective 选择了同中国三大保险机构之一的太平洋保险合作。前前后后跟了全程，杨晴光算是吃透了汽车研报的核心与内涵。

但是，当时的中国汽车销售市场尚属于完全买方市场，也就是说，买一辆宝马，可能还需要加价几万元，现实版的饥饿状态和巨大的供不应求，别说汽车延保市场大不大的问题了，很多集团投资人甚至都不理解为什么要有"汽车延保"这个名词。于是，杨晴光不得不跟着老外天天给各个集团的投资人讲概念、分析现状、展望愿景。因为是行业的"试水者"，杨晴光不得不去"拓荒"做教育和普及。

最终，将汽车延保业务落实在中国市场，杨晴光已经是精通半个专业词典的"人脑"了。据杨晴光所言："这个产品本地化项目简直是一场充满着艰辛但是很好玩的律师大聚会，如果单独作为一名律师来说，也是从业生涯里非常有成就感的一件事情。"回忆起与美国 Protective 保险公司的律师、中国律师事务所的律师和太平洋保险公司的法务等人一同沟通、协调合作事宜的过程中所遇到的很多专业的机械部件名词，不懂汽车专业术语的她不得不核实每一个专业的机械部件名词时，杨晴光瞬间觉得自己的头颅又丰富了许多。

要是换作其他的创业者，或许在面对前期的障碍和困难时，很有可能选择直接退出，但杨晴光却从未有过一丝一毫的退缩，她对企业延保这个新兴行业有绝对的信心，对自己的创业成功同样有强大的自信。也正是因为从不放弃坚持，始终给自信的自己更多努力的理由，杨晴光才能从零做到一。

从零做到一并不是那么容易的，这个过程，杨晴光经历了几段波折，首先是异国"嫁接"的排斥反应。成熟的美国市场和成功的运营模式落地中国之后出现了很多"水土不服"的症状：中国的消费习惯尚且不够成熟，相关的业务配套还不够健全。为了治疗"水土不服"，杨晴光在 9 个月的试运营期间，多次调整产品架构，甚至删除国外精密的产品服务，格式化为中国本土的个性产品，直到2010 年，汽车延保的业务才算是实现了基本上的成熟。这个时候，第二段波折出现了。

　　2011 年，中国汽车流通协会带领众多汽车经销商集团的投资人赴美参加了 NADA（全美汽车经销商协会）年会、考察国外汽车金融在 4S 店的落地情况，杨晴光也在受邀之列。此行的一大重要课题就是——国外的汽车延保业务是怎样实现经销商高额销售利润，又是如何帮助经销商解决客户痛点。不枉此行的是，经销商们认清了"汽车延保业务"是一个真正的互利双赢的业务。

　　或许是认识到了汽车延保的重要性，回国后的经销商们开始尝试在主营业务的基础上增设"延保"板块，这就好像同专业做汽车延保产品的杨晴光没什么关系了一样。但试水的经销商们还是小看了这汪"水"。经销商认为自己有足够的客户群，而且长时间以来保持的客户黏度尚佳，增设汽车延保产品无外乎就是多了一个主营项目，自己完全就可以管理风控。但实际上，看似简单的一纸合同背后隐藏的绝对不是简单的价格，价格的背后包括价格核算依据、单位时间内的索赔频次和额度、价格时间的计算、收益模式的分配、随着理赔数量的增加而缩水的现金流等问题。

　　2013 年，尝试演变成失败之后，很多经销商不得不将汽车延保业务转交给第三方。此时的杨晴光已经将眼光盯着"二手车延保业务"了，而且已经有一年多的时间了，她认为现在是最适合出招的机会——与保险公司合作，在电销的环节中尝试做延保服务模块。这在当时线下还未跟风的情况下就开始做线上产品，着实有些超前了。但杨晴光坚信，这一次的出击一定会柳暗花明。

　　都说好事多磨，杨晴光的"零"马上变为"一"的时候，美国

Protective 公司在全球的业务进行大调整之后却撤出了中国市场，她实在是不甘心就这样放弃，坚持了这么多年，自信心告诉她绝不能顺流而下，风头都变换了方向，她杨晴光也到了逆流而上的时候。

一直以来，杨晴光都希望做有创造性、有挑战性的事情，就像当初选择了 Protective，选择了"拓荒"一样。杨晴光的创业不是定位为轻车熟路的新车延保，而是选择了更有前瞻性的二手车延保。就这样"宝固质保"，带着再一次"从零到一"的使命诞生了。

这一次，没有资深的跨国企业作为靠山，没有雄厚的资金做保障，甚至没有一个志同道合的人一起奋斗，杨晴光一个人既当老板创业，又当员工跑市场，每天背着装有电脑的背包，到各处进行口若悬河的"科普"。从 2013 年年末到 2014 年年初的业务数据上看，二手车应该是一个很好的发展切入点。但由于经销商的认识还没有跟上节拍，"宝固质保"的市场开发还是遇到了很大的困难。

有人说，创业路上的每一个困难，都是上苍为创业者设的槛，只有创业者迈过去了，也就离成功不远了。

有谁的成功创业是没有经历过劫难的呢？当然没有，只不过，杨晴光是一个不愿意向别人诉苦的创业者，她认为，没有经历过困苦就算不上是完整的创业。另一个核心就是，杨晴光很自信。

做正确的事，就是最智慧的选择。创业者一定要坚持这一点初心，才能在历经困难的时候坚强地闯过去。自信可以让创业者变得更强大，发挥出不敢预知的潜力，尊重自己初心的同时，超出了所有人的想象。

Chapter 9

大势所趋——
柔软的人改变世界

如果还有人坚持认为创业是男人的世界，那么有这种思想的人一定很可悲，因为他可能永远都活在过去。时代总是在不断向前进步，中国的经济发展从格局上来说，改革开放以来的三十几年间也已经翻了几篇了。从国家政策的支持、投资市场的增加及当今社会的大势所趋看，女性创业都不再是梦想。当下社会的女性创业者在持续增长，全球35个国家创业调查中，中国女性创业活动指数高达11.16%，排名第六。相比较而言，女性创业较集中，主要在传媒、创投、社交、电商、餐饮、服装、珠宝设计、自媒体、旅游等领域。这些领域对于女性创业者有着独特的优势，如敏锐的商业直觉、感性和细致，善于沟通和合作等。除此之外，女性的创业初心，更多会为了实现自我价值，更能耐得住寂寞，也能走得更远。

— No.1 —
消费决策影响经济格局

移动互联网时代，随着智能手机等移动终端的普及，人们获得各类信息的方式也就愈发简单和随时随地化。这也就让我们的很多习惯主动借助于信息的获取，特别是消费行为。

消费者的消费行为是经济规律的基本前提，定位消费者行为的特征并不容易，而且富有一定的挑战性。越是个体化的事物，其复杂性越是明显，但却是影响经济结构最明显的一种趋势。比如，商品的价格和消费者购买的习惯就会体现出消费与收入之间的关联性，很多细节上的个人选择对总体性的经济结构也就产生了此消彼长的趋势。

说到移动互联网的最大赢家，大家会不约而同地想到马云，他所主导创立的阿里巴巴和淘宝，已经成为了这个时代的一个符号。"时势造英雄"一直都是历史上各个时期传颂已久的佳话，但英雄的事迹总不是一个人就能够完成的，因此，马云的"罗汉"和"幕后推手"们相继浮出水面。

　　谈到消费决策，公认的"她经济"成为主宰，在互联网帝国的淘宝世界里，阿里巴巴集团的女性工作者也有近五成，是真正的成功事业的"半边天"。《福布斯》曾做出评价：在阿里巴巴的女高管队伍里，首席财务官武卫是最为显眼和富于口才的一位。从某种意义上而言，武卫的决策或将引领着中国互联网行业的"国际投资观"。最直观的一次是 2014 年 9 月，阿里巴巴在纽约证券交易所上市，以 218 亿美元的融资额创下美股史上最大规模的 IPO，这一事件背后，武卫是重要推手之一。

　　上市就意味着一切都将透明化，阿里这位最有钱的"钱匣子"是怎样创新影响消费行为的决策呢？在武卫看来，提高消费者的价值等于提高消费者的消费数量和数额，从而为阿里的巨额财富添砖加瓦。据武卫分析，如果现在的阿里每一个用户在淘宝上的年消费额度在 1000 元，那么五年后的消费额度就会增长至 1500 元，十年后就是 30000 万元。这一提法，也就与阿里的进一步商业运作模式"不谋而合"。

　　实际上，阿里巴巴的商业模式比较复杂，但又十分简单明了。B2B、B2C、C2C、B2B2C、O2O 等商业模式并存，几乎覆盖了所有电子商务市场所具有的全部特征。就像对于一个饥饿的人，无论摆在他面前的是一碗面条还是一桌满汉全席，他都会屏蔽周遭一股脑吃干净。但如果等待分享佳肴的是一些美食家，那么，对于操盘手来说就是一个很大的考验了。首先，要考虑对方是否饥饿，如果不饿，是不是应该在食材的选择上着重思量一番；其次，要考虑美食家是否有忌口，如果有忌口，又该如何做到将所有的食材都淡化原有的特殊性质后再重塑为一盘适合每个人的美味。

其实，人们的消费行为也是一样的道理，如果有迫切的购买行为，那这一类消费者就是刚性需求群体，对于这些刚性需求的消费者来说，注重的是商品的实际效果，只要性价比不是很差，再加上一些良好的口碑和品牌形象的"干预"，至少不会很差，而商家自然也不需要将所有的精力放在这部分刚性需求的消费者身上，因为还有一部分消费者是可买可不买的人群，也就是餐桌上没有饥饿感，吃不吃饭都行的那一类人群。这是刺激消费比较难的一类消费人群，需要商品和服务足够夺人眼球，刺激消费者当机立断地消费。这个"当机立断"是需要足够的诱惑的，甚至可以挖掘出消费者潜在的消费欲望。

其实，这两类人都是消费群中最受欢迎的了，因为比起另外一些无论商家怎样营销，打死也不埋单的人来说，前者只要做好产品和服务，就能够促进消费者价值的提升。后者可就不一样了，这些所谓的消费者其实大多持观望，而且这种观望就是没有目的性的，很像在听别人的故事，而自己还是过着自己的生活。

我们分析的消费人群，其实不单单是阿里的消费者，很多行业的产生消费行为的人，或多或少都存在相同的特性。现在的中国尽管还是处于发展中国家之列，但与发达国家之间的差距已经逐渐变小，甚至很多方面都起到了引擎的作用。还记得很久之前曾经流传这样一个故事，故事的主角分别是一位美国妇人和一位中国妇人。

故事的主旨是说，美国妇人在自己年轻的时候就用仅有的并不富裕的存款按揭了房子和车子，然后用毕生的时间去赚钱还房贷和车贷；那位中国妇人，她倾尽一生的光阴积攒了大量的财富，省吃俭用，甚至都不舍得出去旅行和游玩的她直到坐上轮椅的那一刻才买上了房子和车子，但此时，她的生命即将走到尽头，房子算是住上了，但已接近了人生"尾声"，但她早就不能发动车子引擎了。

于是，有分析者支持美国妇人，虽然一生都在赚钱还贷，但住上了房子，也开上了车；也有人赞同中国妇人，一生只为一个目标努力奋斗，没有过于繁重的压力，也没有置之死地而后生的威胁。

很多年过去之后，如今的中国妇人怕是早已经习惯了"首付""按揭"，改变一个人的行为习惯其实并不是绝对的不可能，而改变了一个人就离改变一类人不再遥远了。其实，现在的中国经济的格局很大程度上都开始向"消费"有所倾斜了。早在"十三五"之前，消费主导经济增长的新格局已经打开帷幕，13亿国人的潜在消费需求成为中国扩大内需、实现经济可持续增长的突出优势。

特别是在"双创"的刺激下，越来越多不满足于现状的创业者接踵而至。有的钟情于生产，有的热忱于消费，无论是哪一领域，都是与消费决策改变经济格局这一趋势息息相关的。

研究如何左右他人消费决策的人，实际上也正在被另外想要改变你消费习惯的人所研究。每一个研究的过程都是为了解决最后是否消费的重要因素，提供服务的方式有万千种，有一种万变不离其宗的就是真诚与自然。所有的服务目的都是为了实现消费，商家可以影响消费者的购买行为，却永远不能代替他们来消费。

开篇中，我们提到了人类消费习惯正在移动和互联网化，如阿里巴巴这样的行业巨头，势必会以平台孵化的方式引领接下来的格局变换。特别是上市之后，阿里巴巴的"钱袋子"武卫，作为一直都主张提高消费价值来影响消费格局的"发言人"，为阿里巴巴在运动方面做了力所能及的规划：改善阿里巴巴在治理和透明度方面的不稳固的声誉，以及解释公司的令人困惑的收购策略，包括购买了中国的一支足球队和一家超市运营商。阿里巴巴及附属公司已拥有未来商业的所有基础板块：平台＋支付＋物流＋搜索＋社交＋网上视频＋金融服务＋本地服务等。Lazada 和优酷是 2016 年第二季度刚刚添加的新业务。如果有谁能面对最巨大的挑战，那一定是武卫。这样一位学习和成长型的女企业家，不正是更多创业者的动力和方向吗？

— No.2 —

请叫她梦想家

在移动互联网消费逐渐开始影响整个经济格局的时候，女性消费者所带动的经济促进作用正如日中天，而女性消费者作为家庭和社会消费的主体，从自身消费需求的壮大到占据移动互联网消费的主体，她们的贡献并非带动经济这一点。由于女性消费者更喜欢"晒圈"，故而，她们的广告传播能力也就随处可见，于是，移动互联网领域的众多商机也就向着女性蓬勃发展而来。

女性消费者的感性更强，她们特别注重"用户体验"，其敏锐的感受和与生俱来的感性思维，甚至那些仅凭直觉判断的思想让她们的世界观越发丰富多彩，从创业的角度来说，女性创业者的视角更多元化、更感性。

在"用户体验"上，女性有敏锐的感受，她们习惯于感性思维，喜欢凭直觉判断问题，因此能为行业的市场提供出与众不同的创新，特别是在创意和新品的研讨上，越来越多的男性也不得不默默地为观点鲜明、创意独特、思路清晰、富有挑战的女性点赞。

千万不要以为女性创业者的那些创意都是天马行空，也不要以为她们的凭空想象都是过眼云烟，也许，很多携带梦想的出发，早在很多年前的某个"单选"中，就已做足了准备，只待被叫醒。

叫醒创业的不是闹钟，而是梦想。

高才生刘莹，曾经被无数视艺术为全部人生的"梦想家"们羡慕不已，幸运之神在她还没有踏出校门的时候就将国际知名的英国建筑阿特金斯企业的"橄榄枝"递给了她，尽管这份幸运与她深厚的艺术功底和不懈的努力不无关系。

顺利地通过三个月的试用期后，刘莹成为了一名阿特金斯的正式员工，这是她的第一份工作，一做就是七年。有人说，刘莹从起步开始就比别人高了一阶，她却从未因此而过多地解释什么，无论起点高与否，任何人的成功都势必要经过努力奋斗这个过程。在国际化公司磨砺的 7 年，让刘莹更加坚定了自己创业的信念，一种国际化的设计理念、运营模式和管理方法也开始悄悄地在刘莹的心里萌芽。

刘莹始终清醒地认为，再大的光环也是国际化大企业头冠下的"微笑"，与依靠自己的能力打拼个"奋斗的表情"相比，她情愿选择自己去创业。家人和朋友几乎都对刘莹的"创业"持反对意见，他们认为，理想与现实之间总是存在一定差距的，但这些反对的声音并未阻止刘莹毅然辞职，果敢创业。此时，经历过青涩的年少，有过多年国际化企业的历练，刘莹的起跳也就更加稳健了些。

对于从小就有梦想的刘莹来说，第一次创业有挑战、有压力，也有无限的想象空间，于是，她将创业的领域选择在艺术领域。在一位资深的上市公司总经理的"伯乐"帮助之下，刘莹开始了香港现代艺术中心（上海）执行创意总监之旅。

香港艺术中心是专业发展艺术的机构，刘莹的艺术天赋像极了该机构在上海量身订制的联合创始人一般，或许曾经有关于艺术的梦想总是有些天马行空，但现实摆在眼前的时候，刘莹自然来不得半点马虎，创业艰辛可想而知。从搬运工到油漆工再到技工，刘莹这个"当家人"转换多个身份只为更好地完成创业、完善自己。

任何困难在创业者的努力中都会寻找到最合适的解决方案，任何"不可能"实现的梦想在追梦人的不离不弃下终究会功德圆满。所以，当刘莹接手了那个不可开发的地下室空间后，她没有因为眼前的困难而放弃任何希望，而是冷静地将自己的那份对艺术的热忱与渴望，放在心里重新审视。当时，公司的业务还仅限于零基础油画，如何将"不可能"在她的艺术改造后变得"可能"就是当下首要解决的难题。这是一个多间房子分割开来的一个空间，刘莹认为更适合与综合性的培训空间相结合，通过对周边环境和市场调研的结果，刘莹大胆且专业性地将这个空间打造成特色鲜明的 DIY、陶艺、茶艺、调制鸡尾酒等项目，而这些所有的小创意也都是刘莹生活中的一些相关兴趣爱好。

都说兴趣是最好的老师，刘莹热爱生活，热爱大自然，她将这份来自于艺术和生活的美好分享给很多志同道合的人，从而创造出了一个由梦想实现的创业故事。

是的，你给梦想一个"死灰复燃"的机会，梦想就会还给你一个别有洞天的世外桃源。这大概就是大自然中最唯美的"交换法则"吧。所以，有梦想是好的，而且千万不要妄下定论认为自己的梦想不切实际，就连马云都曾说过"梦想要有的，万一实现了呢"。在事业仍然被认为是大多数男人角逐的战场时，女人的创业和创业成功就会显得更加具有童话色彩。艾问传媒创始人艾诚坦言："有句话说得很好：女人爱做梦不放弃。新时代的中国女性是幸运的，我们爱做梦，而且被允许做梦。相比于男性创业，女性创业多不是为了利益和成功，而是为了兴趣和梦想。"

艾诚出生于 1987 年，创立艾问传媒时，她只有 27 岁，而当时，艾问传媒创始人、独立双语主持人、世界经济论坛"全球杰出青年"这些响当当的名号就早已附在艾诚身上了。

早在哈佛读书期间，艾诚就是世界银行国际金融总公司的投资顾问，毕业后又顺利进入到央视财经频道的纽约站，成为一名财经评论员。同样，光环之下的艾诚也选择了事业正当时辞职创业，她的专业是传媒，她从事的工作是传媒，而那个深深根植在心底的梦想，亦是传媒。更主要的是艾诚对中国媒体市场的潜力具有绝对的信心，于是，2013 年，艾诚从美国打道回府，并于 2014 年 3 月在北京成立了艾问传媒。

其实，如果继续留在美国，艾诚的发展前景未必会比现在差，但当大多数人的人生轨迹随着"机会"而走的时候，艾诚却选择了跟着兴趣和梦想远行。对于艾问传媒，艾诚的定义是"一块中国媒体的实验田",因为她要努力实现中国媒体真正意义上的平民化、大众化,让每一个人都有"话语权"。

　　每一对跟着梦想飞舞的翅膀,都怀揣着一颗将梦想照进现实的渴望之心。在众人一致认为是男人天下的"创业界",女性的创业或许真的像社会投注的怜悯眼光一样,实在是不容易,但这种来自于社会的同情未尝不是她们创业的优势,可以得到全社会各界力量的支持与合作。女性天生的敏感和注重细节的特质,也决定了她们在自己擅长的领域打拼,更能做到极致,也更能收获成功。

— No.3 —
坦然面对性别偏见

纵然有更多富于同情心的人愿意为女性创业者腾出一块实现梦想的舞台，但市场竞争是残酷的，这种残酷根本不会考虑创业者的性别，甚至先入为主地认为，男人的市场还不能接受女性创业者的"加盟"，这些思想，在国际上一些发达国家的风投行业甚是"常态化"。

虽然，还没有数据能够体现出风投刻意避开女性创业者的结论，但一些顶级的风投却间接表示过，不是特别欢迎女性创业者。在一些发达国家呈现出的现状就是：女性经营者或女性创业者所在的公司，很难得到风投的关注和注资。对此，风投界的解释是：女性不倾向于高科技产业的创新创业，但这个领域却是风投资金最感兴趣的行业；女性创业者不如男性创业者那般疯狂追逐风险投资，因此也就很少被风投关注，很自然地，她们获得风投的概率就很低。

但是，梦想照进现实总需要有"媒介"的，风投就是创业者们将梦想变成现实最有效的途径。自2009年开始，备受创业者追捧的风投开始越发活跃起来，到 2014 年，风投公司的投资金额甚至可以增加到近 500 亿美元，主要注资的产业多为媒体、广告、零售、金融服务、电商、娱乐及互联网服务领域。然而，这些更适合女性创业者参与的领域中，却因为难以获得风投而多以男性为主。

不只风投领域习惯筛选性别，就连由大多数白人男性控制的硅谷，女性高管或从业者也被"忽略"。在她们的观念中，是多么希望人们能够将"男性"和"女性"都只单单地看作一个个体，而不是以一群人的片面眼光抹杀了世界的一般力量。

在我国，风投的发展态势没有发达国家那么迅猛，但有关于性别歧视的"常态化"却也屡见不鲜，多体现于女性就业过程中。虽然国家一直强调男女平等就业，但还是有不少企业放言只招男性，主要原因是"男强女弱""男主外，女主内"的传统观念作祟。除此之外，一些用人单位片面地认为，女性员工还涉及产假、痛经假等"优于"男性的待遇，认为录用女性员工远没有聘用男性员工来的"方便"。这样的性别歧视，不仅影响到女性进入劳动力市场后的职业选择，也影响用人单位的招聘行为，造成女性从业人员的就业难。即使很多工作女性也能做得很好，即使很多女性的智慧和能力远超于男性，但"只录用男性"的做法直接扼杀了女性从业人员所有的机会和理应的权利。

就业困难是一个实际性的问题，如果不加以解决，那就只能自谋生路。于是，女性创业者的队伍越来越壮大，她们必须要比男性创业者更坚强、更努力，做得更出色，只有这样，才能获得风投的关注，才能将自己的梦想照进现实。

如果将人一生的职业比作一场登顶的话，那么中间掉队的女性数不胜数，真正登顶的寥寥无几，反而男性登顶的居多，是女性自身的"体力"不能够支持她坚持到最后？还是攀登的过程中有太多的障碍限制了女性向上的攀登？到底是什么样的因素阻碍了女性向前的进程？中欧国际工商学院管理学教授李秀娟女士认为，阻碍女性职业规划和事业发展的主要因素有三个：其一，女性在职业规划中的"目的"性并不强烈，或者说成就感和企图心比较淡漠；其二，很多企业并未对女性工作者提供出比较完善的职业规划，有种任其"自由发挥"的态势，相比之下，以男性为中心的权力结构依然是很多企业的主要模式，女性作为"陪衬"也就很难发光发热了；其三，整个社会的文化态度和社会心理，已经定格了女性作为性别偏见的目标。

就业被拦在门外，创业得不到任何帮助，女性的职业规划难道真的就这样被"格局"化了吗？当然不会，女性从来都比男性的柔韧度强很多，在面对困境和危险时，这倔强的韧性就更加发挥其强大的优势了。而且，习惯于性别歧视的毕竟是一部分人群，我们始终相信，上帝在关上一扇门的同时，已经悄悄地在另一处打开了一扇窗，只要不放弃，总能找到放飞梦想的舞台。方爱之，就是为更多梦想者"奏乐"的"伯乐"。

方爱之，一个曾放言"投资不挑选性别"的"天使"，在2011年加入真格基金之后，这个注重产品更注重人才的总经理就开始把天使投资当作自己的事业一样拼命地干起来。干起活来颇为拼命，她展现出的职业素养，很大部分表现在专业和务实上。"在投资时，我唯一考虑的是，这个人是不是我佩服和尊重的人，我是否愿意去帮助他做这个事，他做的事情是否会让我的公司赚钱。"方爱之对于投资对象的选择，更注重对方的能力，而不是性别，她坦言："选择创业，并向我们要投资的女性，都是能力很强的人。"

在方爱之掌管真格基金的几年以来，共投资了 200 余家种子期公司，包括世纪佳缘、兰亭集势、聚美优品等明星企业已经成功登陆华尔街。200 多家种子期公司当中，女性创业者就有二三十个，大概占比 10% ~ 20%。"投资时我不考虑创业者性别"这句话说出了所有女性创业者的心声。

在方爱之投资的数十位女性企业家中，有一些比较显著的特征。首先，从年龄段上划分，大概分为二十几岁刚刚走出大学校门的年轻女孩和已经结婚生育后的，家庭比较稳定性的知识女性两类。方爱之认为，刚刚踏入社会的年轻女孩，有种"初生牛犊不怕虎"的勇气，她们能干、有想法，特别想闯出一片天地来，而那些完成了人生几件大事的女性则更加稳重，知道自己想做什么，能做成什么。其次，二者在学历上都属于高智商、高学历、高情商的"三高"人群，性格上的独立和坚强，注定了她们敢于为自己的决定付出全部的热忱。只有全力以赴的创业者，才终能成为最后的赢家。

方爱之的选择标准，是非常客观可行的，抛开性别的划分，在任何评判的对比下都很公允。在性别的面前，投资者们不更应该注重创业者的个人素质吗?

"其实判断标准跟对待男性创业者没什么不同。除了她所做的项目是否有很大的市场空间外,我们更重视创业者的个人素质,一般会从三方面来考量这个人——学习能力、相关经历及影响力。

"举例来说,我们投资的蜜芽宝贝,它是一家成功的进口母婴品牌商城。第一,创业者刘楠毕业于北大新闻系,说明她有很好的学习能力,当面对企业转型等情况时,她很敏感、迅速。第二,相关经验,作为妈妈,她自己要买奶粉、尿布,所以她了解妈妈们的需求。第三,刘楠是北大一个大社团的会长,有上千会员,说明她有很好的影响力和人格魅力,可以带领她的团队一起做事情。其中创业者个人的影响力是我们最看重的,它决定着企业的未来。

"在投资时我不会考虑创业者的性别,我唯一想的是,这个人是不是我佩服和尊重的人,我是否愿意去帮助他做这个事,他做的事情是否会让我的公司赚钱。"

在选择投资对象时,方爱之认为以上这些创业者所应具备的素质,就是她所看重的投资原则。对于任何一个想要创业的人,她未来是成功还是失败,其实在创业之前都会有信号表现出来——那就是创业者是否为了这个即将成就的事业近乎于疯狂。如果说,创业者对自己的事业创意有势必达成的决心,那就至少说明了,她成功的概率不比任何男性创业者低。

乐视掌门人贾跃亭是众所周知的"颠覆者",他的"颠覆哲学"——只有被99%的人嘲笑过的梦想,才有资格谈那1%的成功,实际上也正表现出了女性创业者的现状。99% 信奉男人才是天下的创业界,只有 1% 的人看得见女性创业者的价值,也只有这 1% 的"伯乐"收获更多的成功。

— No.4 —
更多的女王在进化的路上

创业无轻重，成功无大小。不同的创业者起点不同，目标不同，方向也不同，但并不意味着，财富榜上有名的企业家是唯一的女王，她们是所有女性创业者的榜样，在她们的身后，还有更多的女王在进化的道路上努力前行中。

罗朝辉是一个有梦想的"70后"，从学生时代的文学梦，到青年时代的文艺梦，再到而立之年后的创业梦，罗朝辉每一次梦想的实现都为之付出了绝对的努力。与含着金钥匙出生的"创二代"和受到融资青睐的"幸运儿"不同，罗朝辉的事业带给她的年收入只有50万元，但她始终用努力准备着时刻把握机会，不断继续实现梦想。

2005年的时候，罗朝辉的丈夫在自家的院子里养殖了一些珍珠鸡，当时主要的"目的"就是通过繁殖，销售鸡雏。规模不大，收益也就很微薄，在罗朝辉看来，可能还算不上是创业，只是闲着在家找点事情做罢了。但我们生活的大千世界里，并不是每一个"闲来无事"都能成为创业的契机，从而成就一番事业的，机遇总是偏爱那些有准备的人。

2010年的时候，罗朝辉的丈夫做了一次"市场调研"，他发现消费者对珍珠鸡蛋营养价值的认同远比几年前有所进阶，也正是因为消费者的认知上升了，需求也就有所增加，市场也就形成了。罗朝辉认为这是一次机遇，她和丈夫认真商量过后决定，重新调整自家的经营项目，将主打品牌由珍珠鸡雏调整为珍珠鸡蛋。丈夫虽然没有反对罗朝辉的决定，但他心里一直七上八下的很不踏实，担心突然转换了经营主品，市场不好开拓。于是，罗朝辉给丈夫吃了一颗定心丸——丈夫只管做好"生产"这一环节，所有关于销售的问题都由她来解决。

罗朝辉只是一名普普通通的农村女性，用一腔热情硬生生地在一片空白的市场上闯荡出了一条坚实的路。没有车就靠两条腿走，走得慢就跑，短短两年的时间里，罗朝辉在家乡周边城市的医院、餐厅、超市等地拥有了一批稳定的客户。

一个人的成功很简单，但一个村子的很多人个个都成功，恐怕就不是那么容易的事情了。市场打开后，原有的经营规模已供不应求。2012年，在罗朝辉的感召下，飞飞家禽养殖专业合作社成立，罗朝辉带领村户们一同养殖珍珠鸡；随后又筹建起了大型养殖场，扩大养殖规模，2014年，飞飞家禽养殖场在村里一座荒山上落成，罗朝辉举家从村里搬到山上的简易住房，和数千只珍珠鸡朝夕相伴。这一年，无论是养殖规模还是销售收入，都比原来翻了几番。2015年，罗朝辉又有了新的打算："有梦想就能实现。下一步，我想把飞飞家禽养殖专业合作社做实做大，把温水村建成全省闻名的珍珠鸡养殖基地，树立我们的生态养殖品牌，带领大家发展养殖业，我们负责提供技术、种苗、饲料的配方，还有销售，让村民共同致富。我相信这一天很快就会到来。"

自主创业的农村女性和镁光灯下的所有女性创业者一样精彩纷呈，或许生命没有给予她们"金钥匙"，或许在农村传统观念的作祟下，她们甚至都没能有机会接受更好的教育，但只要有梦想，就一定会有成真的那一天，即使小小的梦，也需要付出巨大的努力才会有结果。

和罗朝辉一样，王慕菲也是一位土生土长的农村姑娘，在农村，她这个职高毕业，又自考本科的女孩算得上是高学历了。在家乡村民的认知中，王慕菲更适合奔赴大城市打拼，也一定能够在更好的平台上创造出自己的事业。但令所有人意外的是，王慕菲选择在家乡务农，一是她不想让女儿成为"留守儿童"；二是相信有梦想和追求的年轻人，在哪儿都可大有作为。

王慕菲所居住的西河镇与临近的几个乡镇都没有"空心化"，而且，家乡的优质品种的蔬菜一直供不应求。于是，王慕菲在了解了市场需求和农户需求之后，决定种植大棚蔬菜。最开始，王慕菲还很"保守"，只在自家的3亩田地上种植大棚蔬菜，一年赚了3万元。牛刀小试后，王慕菲的胆子大了，视野宽了。她从亲友处筹集了资金，将原来的3亩"试验田"扩大到10亩，之后又扩大到30亩，年收入近30万元。

或许对于大环境下的创业者，30万元还不够一次新闻发布会的消耗，但创业者的满足和自我成就感却是同富豪榜上的风云人物一样至高无上的。王慕菲和罗朝辉还只是农村女性自主创业的小小缩影，她们的成功不仅仅是因为她们有足够的吃苦耐劳的精神，更重要的是她们有绝对的进取心，只要有机会就学习，只要有平台就绝不拘谨于细节而影响了“全生态的发挥”。其实，创业就是这个样子，机会就摆在那里，你不抢就会被别人抢了去；你认为毫无意义的小事，却成为了别人事业成功的点睛之笔；你不以为然的选择，却成就了别人丰富的人生。

就像本文中的罗朝辉和王慕菲，她们作为农村为数不多的自主创业成功的女性，摆在她们创业面前的困难一点都不比大城市男性大事业创业者的少，甚至要承担更大程度的艰辛。比如，她们想通过自己的双手实现创业的成功，选择机会也就随着缩小了；她们想在事业取得一定成功后继续扩大经营和规模，但资源整合、资金投入和有关政策方面的支持就少了；她们想通过学习和培训提升自己的知识和技能，但却没有合适的机会和充足的时间；她们不怕吃苦，但却要承担家庭和事业上同等的重担。

2016年3月，十二届全国人大四次会议的记者会上，李克强总理也再度强调，国家对农业的扶持力度不会减，对农民支持的力度也不会减。我们相信，在国家政策的扶持之下，会有越来越多的创业女性迈出勇敢的一步，用于创业，敢于创新。她们的创业路也会像希望的那样，越走越宽阔，在女王的进化过程里，定会放射出璀璨的光芒。

后记

其实，所有成功的企业家都是雌雄同体

成功企业家，每一个人身上都有一些非常闪光的东西。他们虽不是一个造梦师，但某种程度上却是一直为了梦想而奋斗不息的人。一个真正的创业者，从他开始创业的第一天起，血液里就已经流淌着与常人不同的血液，也可以理解为如同打了鸡血。他们很有梦想，而且为了实现梦想而心甘情愿改变自己，包括思想。

每一个创业者在创业初期，他们都还是"自己"，经历过一定的障碍和磨难之后，留下来继续接受以下障碍和磨难的创业者，心理和思想上可能就不再是"自己"了，而是雌雄同体。事实上，成功的企业家也必须要"雌雄同体"，才能强大到在一方沃土上独领风骚。

一些男权观念深厚的人认为，女性在身体状态、精神状态、精力状态等方面都不如男性，创业是一场长久的不规则战役，女性创业者并不适合去尝试，她们的事业有可能在男性创业者正如火如荼奋斗的时候，已经香消玉殒了。这部分人还强调，创业是需要强大的内心的，多数女性创业者都是微笑着接过接力棒，然后痛苦着摔

倒，最后直接被担架抬去了"重症监护室"。

但这个比喻已经过时了，这些观念也已经老套得跟不上时代的风向了。这是什么时代？这是移动互联网时代，是"她经济"动动手指头就能影响整个经济格局的时代，她最了解他，她还能有什么不如它的吗？

确实，创业是一场马拉松，创业也的确少不了强大的内心和包容失败的勇气，所以，我们见证的成功的女性企业家，都是雌雄同体。她们不畏艰难险阻、不忘创业初心、不减丝毫热忱，选择在自己感兴趣和擅长的领域"风景独好"。

天地万物皆有阴阳，动物界的雌雄同体多为环境污染所为，想象着这样的动物，或许在科技更进步更智能的时候，待雄性数量渐少的时候，其中一部分"领命"的雌性动物就会自动更新为雄性，然后繁衍生息。其实，在创业圈里也有类似的画面，因为男性创业者和女性创业者各有各的优势和劣势，当一定条件下，需要创业者感性创意、敏感接招、注重细节的时候，创业者需要"女性化"；当需要创业者戎马上阵、驰骋疆场、血气方刚、当机立断的时候，"男性"的一面就要凸现出来。当然，很多时候也需要我们的创业者刚柔并进、内方外圆、恩威并施，届时，雌雄同体者方能胜利突围，独占鳌头。

理想的状态，就是创业者能够达到雌雄同体的境界，但能够达到者却十分渺茫，这也就是为什么庞大的创业体系中，女性创业者仅占有20%的比例了。这一整本书的内容，都在阐述女性创业者和企业家的"巾帼不让须眉"，但这样的成果确实还是让人心痛的，女性创业实在是比男性创业难上加难！

女性创业者必须要让自己从内心到思维都变得强大，忘掉自己是一个女人，意念告诉自己比男人更刚强；她们必须时刻保持警醒的头脑，克制自己不可感情用事；即使自己的创业初衷不是为了发财，也要给自己安置一颗野心；不攀比虚荣、不好高骛远，给自己一个清醒的思考；一旦有了家庭，不能像男人一样潇洒，却还要像男人一样去打拼。但无论怎样，伟大的女性创业者们，都要给自己一个大大的微笑，这个时代需要你的美！